DUELO Y SUFRIMIENTO

UNA GUÍA HONESTA Y BÍBLICA PARA SUPERAR LOS PROCESOS DEL DOLOR

DANIEL Y ÉLIDA ROTA

e625.com

Duelo y sufrimiento - Una guía honesta y bíblica para superar los procesos del dolor

e625 - 2025

Dallas, Texas

Todas las citas bíblicas son de la Nueva Traducción Viviente (NTV) a menos que se indique lo contrario.

Edición: Stefany Bremer

Diseño de portada e interior: Ezequiel Soriano

ISBN: 978-1-954149-79-3

IMPRESO EN ESTADOS UNIDOS

CONTENIDO

Prólogo ... 9

¿Por qué este libro? ... 13

Introducción ... 15

PARTE I – CONOCIENDO EL DUELO

Capítulo 1: Lo que debemos conocer acerca del duelo

1. ¿Qué es? ... 21
2. Tipos de duelo ... 24
   a. El duelo normal
   b. El duelo patológico
   c. El duelo múltiple
   d. El duelo anticipado
   e. El duelo por aborto natural
   f. El duelo por aborto provocado
   g. El duelo por muerte por suicidio
   h. El duelo por muerte por homicidio
   i. El duelo sin resolver
   j. El duelo ausente
   k. El duelo retardado
   l. El duelo inhibido
   m. El duelo desautorizado

Capítulo 2 – Etapas del duelo

1. El duelo y sus tiempos 39

2. El duelo: la imagen de un túnel 41

3. Etapas del proceso de duelo 42

   a. La negación
   b. El enojo
   c. La culpa
   d. La tristeza profunda
   e. La adaptación: resignación

Capítulo 3 – Duelo, sufrimiento y fe

1. Sufrimiento en el tiempo de duelo 59

   a. Sufrimiento y fe
   b. Sufrimiento y la imagen de un desierto
   c. Sufrimiento y el tiempo de desequilibrio

2. Distintas reacciones en el tiempo de duelo 70

3. Expresiones en el tiempo de duelo 76

   a. Tristeza
   b. Angustia
   c. Lágrimas
      - Llorar es una expresión de tristeza.
      - Hay personas que no pueden llorar.
      - Hay personas que no pueden parar de llorar.
      - ¿Es verdad que llorar refleja debilidad?
      - Diferentes motivos que provocan llanto durante el duelo.

PARTE II – SUPERACIÓN DEL DUELO

Capítulo 4: ¿Dónde podemos encontrar consuelo?

1. El consuelo de Dios ... 94
2. El consuelo en el entorno de la iglesia ... 96
3. El consuelo en el entorno familiar ... 99
4. El consuelo en el entorno de los amigos ... 99
5. ¿Cómo recibir el consuelo de Dios y experimentar alivio en el sufrimiento? ... 101
6. ¿Qué pasa cuando una persona no cuenta con el recurso del consuelo de Dios? ... 102

Capítulo 5 – Aceptación y superación

1. ¿Por qué se murió? ... 105
    a. Historias reales
    b. Dos ejemplos de fe y fidelidad: Job y José
2. La esperanza que se necesita para la etapa de aceptación y superación ... 115
3. ¿Cómo se reconoce la superación del duelo? ... 119

Capítulo 6 – El poder de la fe

1. La fe que se necesita para superar el sufrimiento ... 125

2. La fe en las verdades bíblicas 126

a. Fe en la esperanza del cielo
b. Fe en la esperanza de la resurrección
c. Fe en la esperanza de un cuerpo celestial
d. Fe en la esperanza de la vida eterna

3. Historias de fe y esperanza 134

4. Restauración y restitución a través de la fe 139

Capítulo 7 – Herramientas prácticas para el acompañamiento

1. ¿Cómo acompañar? 145
2. ¿Qué hacer y qué decir? 151
3. ¿Qué no hacer y qué no decir? 157
4. ¿Cómo ayudarnos a nosotros mismos en un tiempo de duelo? 159
5. ¿Cómo prepararse para tiempos difíciles de adversidad y dolor? 166

Palabras finales 169

PRÓLOGO

Daniel y Élida Rota, se han embarcado en un viaje profundamente personal y valiente con este libro, *Duelo y Sufrimiento*. Es un viaje nacido no solo de su profunda fe, sino también de su experiencia íntima y desgarradora de la pérdida. Este libro no es simplemente un tratado teológico sobre el dolor; es un testimonio de su resiliencia, su fe inquebrantable y su profunda empatía por aquellos que navegan el terreno oscuro y a menudo aislante del duelo.

He tenido el privilegio de conocer a Daniel y Élida durante varios años. He sido testigo de su compromiso inquebrantable con su fe, su disponibilidad para acompañar a otros y sus corazones compasivos. Su historia, entretejida en la trama de este libro, es una historia de profundo dolor, pero también de una esperanza extraordinaria. La pérdida de su querida hija, Lorena, a la temprana edad de 24 años, fue sin duda un golpe devastador. Sin embargo, tras esa pena inimaginable, encontraron una fuerza que trasciende lo ordinario. La encontraron en su fe, en su amor mutuo y en su compromiso de ayudar a los demás.

Lo que diferencia a *Duelo y Sufrimiento* de otros libros sobre el duelo es su honestidad. No elude el dolor crudo, la ira, la confusión y la desesperación que a menudo forman parte del proceso de duelo. Reconoce las complejidades de la fe frente a una pérdida profunda, las preguntas que inevitablemente surgen y la lucha por encontrar sentido cuando la vida parece completamente carente de significado. En lugar de ofrecer frases hechas simplistas, Daniel y Élida ofrecen una guía que está fundamentada tanto bíblicamente como profundamente en la experiencia humana.

La estructura del libro está cuidadosamente diseñada para guiar a los lectores a través de las diferentes etapas del duelo, ayudándoles a comprender las diversas emociones que pueden experimentar y validando esos sentimientos. A través de anécdotas personales, reflexiones bíblicas y consejos prácticos, Daniel y Élida crean un espacio compasivo y de apoyo para que los lectores se involucren con su dolor. Ofrecen un marco para comprender los diferentes tipos de duelo, incluyendo el duelo complicado, el duelo anticipatorio y los desafíos únicos del duelo relacionados con situaciones específicas como el suicidio, el homicidio o el aborto espontáneo.

Uno de los aspectos más poderosos del libro es su énfasis en la importancia de la fe como fuente de fortaleza y consuelo. Daniel y Élida comparten no solo su propio viaje de fe, sino también los testimonios de otros que han encontrado consuelo y sanación en su fe. Este no es un libro que busca imponer creencias; es un libro que ofrece esperanza y orientación a quienes la buscan, independientemente de sus antecedentes o creencias. Reconoce que la fe es un viaje profundamente personal y que la forma en que experimentamos el amor y la presencia de Dios será única para cada uno de nosotros. El libro no elude las preguntas difíciles, las dudas y los momentos de fe vacilante. En cambio, presenta un camino hacia adelante que reconoce la realidad del sufrimiento, al mismo tiempo que abraza firmemente el poder de la esperanza y la fe para sostener y sanar.

Este libro es un regalo, un salvavidas para quienes luchan contra el dolor. Ya sea que esté de luto por la pérdida de un ser querido, apoyando a alguien que está de duelo o simplemente buscando comprender mejor las complejidades del duelo, *Duelo y Sufrimiento* es un recurso poderoso y esencial. Las ideas, la sabiduría y la empatía de Daniel y Élida lo dejarán sintiéndose visto, comprendido y apoyado en su propio viaje de sanación. Es un viaje que han emprendido con valentía y gracia, y a través de este libro extienden su mano compasiva a todos aquellos que más lo necesitan. Que este libro les traiga consuelo, esperanza y, en última instancia, sanación.

Félix Ortiz,
Rector del InstitutoE625.com

¿POR QUÉ ESTE LIBRO?

Dicen que el tiempo cura todas las heridas, pero el sufrimiento por la muerte de un ser querido puede durar toda la vida si el duelo no se transita de una manera adecuada. Decir adiós es muy difícil, y adaptarse a vivir sin la persona amada lo es aún más.

Este libro fue escrito para que el duelo no se transforme en un estado y sea solo un proceso. Entendemos el dolor y el sufrimiento, lo hemos vivido y atravesamos el duro camino del duelo por la muerte de nuestra hija Lorena a la edad de 24 años. Lo atravesamos con fe, lo que nos permitió ver más allá del sufrimiento y superarlo. Los conceptos aquí vertidos, brindados con una mezcla de dolor y amor ayudarán al lector a comprender las expresiones naturales del dolor y las emociones más comunes del duelo.

Cada frase, página y capítulo fueron escritos con lágrimas, suspiros, esfuerzo, entrega, oración y mucho amor. Es nuestro deseo que estas líneas sean de verdadera bendición en medio de tu dolor.

Sabemos de primera mano lo que es que la muerte te conmueva hasta lo mas profundo al perder a un ser amado, por eso buscamos ofrecer herramientas prácticas para quienes lo vivieron y para quienes en amor buscan poder comprender mejor a los que viven una situación así y puedan ayudar de la mejor manera.

Creemos que es posible de la mano de nuestro gran Dios poder transformar un proceso doloroso en un camino de crecimiento, que está ligado a la capacidad de superar de manera constructiva la pérdida, para poder continuar la vida "a pesar de..."

A través de la fe en las verdades bíblicas, la superación del duelo y la restauración del alma es posible, y por permanecer fieles al Señor se puede experimentar la restitución del gozo de la vida. La lectura de estas páginas no pretende borrar lo sucedido, sino ayudar a integrar a la vida el dolor por la ausencia y el vacío que genera una muerte. Al leer nuestra experiencia y la de tantos otros atravesando un tiempo de duelo, buscamos que encuentres consuelo, esperanza y fortaleza.

Hemos escrito orando para que el consuelo divino sea una realidad y para que este libro sea útil para la superación. Oramos y pedimos que Él restaure tu vida con su gracia y amor.

INTRODUCCIÓN: NUESTRA EXPERIENCIA

El Señor nos dio cuatro hermosas niñas. Pero por un estudio clínico supimos que Lorena, nuestra hija mayor, estaba enferma; al día siguiente, que el cuadro era grave, y a los dos días, que era incurable. No podíamos creerlo (escribe Daniel). Sentí que de un instante a otro me pusieron dentro de una licuadora que giraba a gran velocidad. Fue un torbellino. Estábamos preparando las valijas para un viaje en familia, cuando de pronto nos encontramos recorriendo pasillos de clínicas y hospitales. Íbamos pasando por distintos especialistas médicos, estudios y análisis de todo tipo, de acuerdo con las derivaciones médicas. Corríamos haciendo trámites, luego la internación y después la cirugía. Pocos días después, apretaron nuevamente el botón, esta vez para detener esa tremenda licuadora, y entonces... estábamos enterrando a nuestra hija en un cementerio.

Somos testigos de que el Señor estuvo siempre a nuestro lado en esos frenéticos días, abriendo camino para avanzar al siguiente paso, respondiendo todas nuestras oraciones hasta el más mínimo detalle, pero no respondió a nuestro clamor y al de tantos otros pidiendo por su sanidad y ella falleció.

En esos veinte días el Señor manifestó su poder y amor continuamente. Cuando nos pedían más estudios, nos daban fecha para dentro de una o dos semanas, pero el Señor hacía que el estudio se realizara esa misma tarde. Cuando los resultados debían estar dentro de siete días, nos los entregaban al día siguiente. Cuando nos derivaron a un especialista, director de un hospital, y resultaba imposible llegar hasta él, nos presentamos en el hospital con una nota de derivación, y nos llevaron directamente al consultorio de dicho médico. Cuando indicaron internación, nos pusieron en lista de espera, pero resultó que había una cama disponible. Así experimentamos la mano de Dios abriendo puertas en cada paso.

(Escribe Élida). Les cuento que Lorena, a la edad de 24 años, ya era graduada de la facultad con el título de Licenciada en Psicología Clínica, y estaba cursando el primer año del doctorado; además tenía ocho materias aprobadas en el Instituto Bíblico Buenos Aires (IBBA) y servía al Señor con entrega y fidelidad en el ministerio de niños y en la alabanza, en la iglesia y en LAPEN (Liga Argentina Pro Evangelización del Niño), y en un ministerio de evangelización juvenil interdenominacional (EJEC). Era mi mano derecha en casa y colaboraba en un ministerio para mujeres que yo en aquel tiempo estaba liderando. ¡Increíble, pero verdad! ¡Era hermosa en todo aspecto! Fue fiel al Señor y servicial. Siempre tenía una sonrisa en su rostro y amor en el corazón.

Ella tuvo una vida muy corta y activa. Su repentina muerte me paralizó. Nuestra vida encontró una curva en el camino y de pronto transitamos por un paisaje totalmente diferente. Fue difícil, muy difícil. Pero la mano del Señor estuvo ahí continuamente, sosteniéndonos en cada etapa de nuestro proceso de duelo, y hasta el día de hoy no deja de manifestarse con su favor en nuestra familia. Por la gracia del Señor hemos superado el duelo; él restauró nuestras vidas y transformó nuestro luto en alegría.

En este libro deseamos plasmar los conocimientos adquiridos a través de nuestra profesión y de nuestra práctica profesional en el consultorio, las vivencias de nuestra pérdida, la experiencia de nuestro proceso de duelo y el obrar del Señor en nuestras vidas.

PARTE 1

CONOCIENDO EL DUELO

CAPÍTULO 1: LO QUE DEBEMOS CONOCER ACERCA DEL DUELO

1 - ¿QUÉ ES?

El duelo es el nombre que recibe el tiempo de sufrimiento provocado por una gran pérdida. El duelo no solo se limita a la pérdida causada por la muerte de un ser querido; puede ocurrir tras muchos otros motivos, como la ruptura de una relación, un aborto, la pérdida de un empleo o de algo muy valorado.
El duelo es el proceso para sobrellevar estas pérdidas. En estas páginas hablaremos del duelo por la pérdida de un ser querido.

Para el procesamiento de un duelo se considera la cercanía del vínculo, la edad, la causa de muerte, la suma de las pérdidas, entre otros. El dolor de la pérdida desemboca muchas veces en un transitorio cuadro depresivo.

Élida y yo (escribe Daniel) hemos pasado nuestro proceso de duelo. Por nuestras profesiones tratamos, asistimos y acompañamos a personas en duelo. Cada persona transita el duelo como puede. El duelo no es igual cuando se trata de la muerte repentina de una persona sana que el de una persona con una enfermedad crónica, lenta, progresiva y anunciada. Por regla general, la muerte de un ser querido siempre es dolorosa, aunque por un momento nos sirva de consuelo el alivio del dolor del que partió a la eternidad.

La palabra "duelo" proviene del latín *dolus* que significa dolor. No es dolor físico, es emocional; es el sufrimiento del alma, es intenso e inevitable. El dolor del alma es la respuesta emocional normal ante la muerte de un ser querido; este se expresa con el sentimiento de tristeza, angustia y lágrimas. Desarrollaremos estas expresiones de dolor en el capítulo 3.

El duelo es una crisis existencial. En ningún caso es una patología. No hay analgésicos para combatir el dolor del duelo. Es un dolor del alma. Hay que sanar el ser interior, la mente, el alma y el corazón que está cargado de sufrimiento. El dolor del alma puede presentar diversas reacciones y comportamientos. Es importante comprender y respetar el tiempo de dolor, que se exterioriza y expresa a través de los pensamientos, los sentimientos y la voluntad. Es necesario recorrer paso a paso el llamado "proceso del duelo", desarrollado en el capítulo 2. Este proceso no lleva sus etapas en un orden determinado, ni en un tiempo indicado o preestablecido para su superación. A veces hay retrocesos a etapas ya transitadas; eso es normal y muchas veces necesario. Aun así, es necesario atravesarlas y superarlas. Es importante recalcar que cada duelo es tan único como cada persona. Durante este proceso se necesita una importante dosis de amor, comprensión, empatía y contención de quienes están más cerca o de quienes quieren ayudar.

Cada duelo es tan único como cada persona.

Para la persona que está experimentando un duelo es importante poder sentir conscientemente el dolor, sin negar ni reprimir los sentimientos. La muerte de un ser querido provoca dolor, tristeza, sufrimiento, y es necesario poder expresar esos sentimientos con claridad y paz. Es de gran ayuda expresarlos a Dios en oración, diciendo, "me siento triste, ¡cómo duele este dolor, Señor!". Es importante ser sinceros con nosotros mismos y con quien más y mejor nos comprende en esos momentos: Dios, nuestro Padre Celestial, quien nos ha creado con un gran abanico de sentimientos.

El duelo por la pérdida de un ser muy querido, a diferencia de cualquier otra pérdida, se caracteriza por la intensidad y profundidad del sentimiento de tristeza. Es un tiempo prolongado, porque la pérdida es definitiva, irreversible e irreparable.

En resumen, el *duelo* es el nombre del tiempo en el que una persona se encuentra cuando ha perdido un ser querido, y el *proceso de duelo* es el proceso psicológico que lo acompaña. Se llama "proceso de duelo» porque se requiere de un tiempo activo para poder procesar el sufrimiento. Hablaremos más de esto en el capítulo 2.

Frente a la muerte de un ser querido se hace necesario transitar el duelo paso a paso, día a día, respetando los tiempos internos de cada uno con autenticidad y sin impaciencia. Esto ayudará a sobrellevar la tristeza mucho mejor y a ir recuperando la vida poco a poco.

2 - TIPOS DE DUELO

Hay diferentes tipos de duelos, que describiremos brevemente a continuación.

El **duelo normal** es aquel que se transita por las etapas del proceso de duelo en forma paulatina hasta su resolución.

El duelo patológico se da cuando la muerte de un ser querido desencadena en el deudo alteraciones emocionales por un tiempo prolongado, de las cuales no puede salir. La persona queda detenida en una etapa del proceso y sin poder superarla. En estos casos es conveniente y aun necesario contar con ayuda profesional en el área de la salud emocional y también un soporte espiritual.

El **duelo patológico** también se manifiesta cuando la persona no reacciona y es incapaz de expresar o sentir emociones, permaneciendo en estado de shock por mucho tiempo. Otros manifiestan reiteradamente que no pueden creer que el ser querido haya muerto, permaneciendo en un estado de negación de la realidad.

En otros casos quedan detenidos en un sentimiento de culpa. Se culpan a sí mismos y a otros por no haber podido o no haber logrado detener la muerte. Algunos se manifiestan enojados con la atención de la clínica, los médicos y enfermeros, pensando y diciendo que los han atendido indebidamente o que no supieron evitar la muerte. Otros culpan a Satanás y aun a Dios de manera continua o cíclica. En general, se manifiestan enojados con la vida y con todo el mundo y lo expresan con una gran cantidad de argumentos. Otros caen en un pozo depresivo del cual no pueden salir. En estos casos también es necesaria la ayuda profesional del área de la salud mental.

Recuerdo una paciente de mi consultorio (escribe Daniel) quien lleva un tiempo sin entender muy bien qué le pasa. Tiene trastornos del sueño, le cuesta dormir, se despierta en medio de la noche con pesadillas. Tiene problemas digestivos, diarrea, dolor de estómago y náuseas a repetición. Ya ha consultado con un médico gastroenterólogo, se ha hecho varios estudios médicos y todos han salido bien. Desde que murió su padre, hace casi un año, no se siente la misma. Sus pensamientos y preocupaciones están enfocados solo en su trabajo. Su desempeño en el área laboral va disminuyendo progresivamente porque presenta notables y repentinas fallas cognitivas. Tiene olvidos frecuentes, le falla la memoria, se distrae con frecuencia, está perdiendo su capacidad de atención y no lo puede controlar. Después de la enfermedad y la muerte de su padre intentó olvidarse de lo que había pasado y no habló del tema con nadie. Retomó el trabajo a los dos días del funeral y desde entonces solo ha hablado dos veces con su madre, sencillamente porque ella no para de llorar y con mucha frecuencia va al cementerio, lo cual la enoja.

Podemos decir que esta paciente está emocionalmente detenida. Su dolor anímico está encapsulado y sus sentimientos de tristeza se mantienen bloqueados, no pudiendo poner en palabras el inmenso dolor en el alma que le produce la realidad de la muerte de su padre. Necesita ayuda para transitar su duelo, superar el dolor y tener una vida saludable.

El duelo múltiple se da en los casos de accidentes donde fallece más de un miembro de una familia, o cuando una persona sufre un conjunto de pérdidas en un corto lapso, de manera tal que se le hace difícil el procesamiento de cada duelo en particular.

El **duelo múltiple** es el caso de Job narrado en la Biblia, en donde a causa del derrumbe de una casa por un fuerte viento mueren sus siete hijos y sus tres hijas (Job 1:19).

Hace un tiempo atrás, una señora vino a verme a mi consultorio (escribe Élida) y desde la primera entrevista expresó con toda claridad todos los síntomas de un cuadro depresivo. Estaba atravesando un tiempo muy difícil, de muchos dolores en su alma. Un dolor se sumó a otro. Hacía pocos años había fallecido su hijo de 26 años, dejando un bebé de casi dos años y a su joven esposa embarazada. Esto partió su corazón. Y a pesar de sentir sus brazos sin fuerzas, se esforzó para ayudar a su nuera a quien amaba como a una hija. Su esposo la apoyó en todo momento y en todo cuanto pudo a pesar de su dolor. Pero hace siete meses, en un accidente de trabajo, él falleció. Hace dos meses su consuegra, con quien tenía una relación muy cercana, falleció después de una prolongada enfermedad. Es así como a un dolor se le suma otro, produciendo en ella un derrumbe de sus emociones. Cabe señalar que esta señora es una fiel creyente, confía en Dios, es diaconisa de una iglesia cristiana, donde hasta hace poco servía con amor, entrega y alegría. Siempre ha sido una mujer servicial, de oración, fiel y consagrada a Dios. Pero ahora no puede cantar, ni orar, y expresa que nada la consuela y llora la mayor parte del día. Pasa sus horas sentada en un sillón o acostada en su cama. No tiene ganas de nada, ni de comer, ni tiene ánimo para hacer las actividades cotidianas, ni fuerzas para ayudar a su nuera, ni alegría de ver a sus nietos a quienes tanto cuidó. Estamos frente a un cuadro depresivo. El estado anímico en que mi paciente se encuentra no es a causa de esconder un pecado cometido, no es por falta de fe, no es un castigo de Dios. No es un tema espiritual. Esta depresión es reactiva al sufrimiento. Ella no ha podido superar el duelo de la muerte de su hijo, a la que pronto se le suma la muerte repentina de su esposo y luego la muerte de su consuegra. Esta señora ha sufrido tantas pérdidas de seres queridos cercanos en un plazo tan corto que no ha tenido el tiempo necesario ni ha podido transitar cada duelo hasta poder superarlo. Necesita ayuda profesional, psicoterapia y probablemente medicación. Necesita procesar sus duelos. En casos así, sin ayuda profesional y un acompañamiento respetuoso de su dolor, es difícil salir adelante y llegar a tener una buena calidad de vida.

El **duelo anticipado** se produce cuando el proceso de duelo se produce antes de la muerte del ser querido. Se da en casos de una enfermedad prolongada en el tiempo, y con pleno conocimiento del desenlace de la misma, lo que permite prepararse anímicamente. Cuando llega el día de la muerte, el deudo suele sentir alivio, pues ha vivido mucho tiempo centrado en el enfermo y olvidándose de sí mismo y de su dolor.

Paso a relatar un caso en el que, en el seno de una familia, la esposa enfermó de cáncer y luchó con su enfermedad por alrededor de doce años. Fue un tiempo de enfermedad prolongado. Todos sufrieron junto a ella. La familia lo ha vivido con sus altos y bajos, con expectativas y esperanzas, y también con luchas y desesperanza. Oraron, clamaron, hicieron ayunos, la ungieron con aceite, hicieron varias cadenas de oración. Consultaron con varios médicos de distintas instituciones y la asistieron con muchos y diferentes tratamientos y medicamentos hasta el día que falleció. Sus familiares vivieron en un duelo anticipado el último tramo de ese largo y difícil periodo de enfermedad.

El **duelo por aborto natural** se da en el caso de un embarazo que no prosperó por causas naturales; ahí surge generalmente un sentimiento natural y normal de culpa. Es una culpa infundada, también llamada culpa falsa, que es necesario trabajar. Es bueno darle un nombre al bebé y darle un lugar en la familia, y luego decir un tierno y sentido ¡adiós! Vale la pena hacerlo, aunque provoque lágrimas y dolor.

Llegó a mi consultorio una joven pareja que había perdido un embarazo de casi seis meses de gestación. Ella lo vivió con mucha culpa y desconsuelo. Por más que su esposo y el médico le explicaban las razones biológicas que lo habían provocado, ella seguía sintiéndose culpable por no haberlo podido retener. Estaba atravesando una depresión reactiva. Trabajar con lo racional no alcanza. Son los sentimientos y sus motivos muchas veces inconscientes con los que hay que trabajar. Enfrentar el dolor, transitar el proceso de duelo hasta la aceptación de la realidad. Lograr mirar hacia adelante, hacia el futuro con paz, esperanza y llegar a la consolación. Ese es el camino. Necesita tiempo, un tiempo activo.

El **duelo por aborto provocado,** del cual surgen inevitablemente los sentimientos de culpa por la eliminación del embarazo, aunque fuera realizado por decisión propia o por presión externa. La culpa surge cuando la mujer reconoce que estuvo influida a hacer lo que en su interior en realidad no deseaba, pero la realidad apremiante o la presión fueron muy fuertes.

Culpa hacia sí misma por no haber podido ser más fuerte, por haber tenido tantos temores o no haberse dado el tiempo necesario para pensarlo un poco más, o por no haber hecho valer su íntimo deseo de tener a su bebé.

Pero también muchas veces la culpa es depositada hacia el afuera. Manifestada o no hacia el novio, una amiga, los padres, esposo, etc. En algunos casos todo este profundo dolor acompañado de resentimiento se reprime emocionalmente, y luego, con el tiempo, el cuerpo lo manifiesta de alguna manera o se cae en un pozo depresivo o se desarrolla una depresión llamada *distimia*. La distimia es un trastorno psicológico que implica que la persona se encuentre en un estado de ánimo deprimido la mayor parte del tiempo.

En otros casos, la culpa se carga con dolor emocional acompañado de enojos y resentimientos que se expresan verbalmente o con actitudes negativas, provocando pleitos, peleas y distintos tipos de agresiones en los vínculos de relaciones afectivas o en el ambiente familiar. Esto algunas veces desemboca en rompimientos de la relación de pareja o en separación y divorcio en los matrimonios.

Manifestaciones emocionales frecuentes en la vida de una mujer que decide abortar un embarazo no esperado son: silenciar el tema, tener sentimientos de vergüenza, dolor inexpresado o contenido, el autorreproche, temores de diverso tipo, sentimientos de desprotección por parte de quienes eran afectivamente cercanos, distancia afectiva, sentir nada o poco consuelo de parte de su esposo, novio o pareja.

Todos ellos son síntomas depresivos.

Otras manifestaciones frecuentes son: desprecio hacia la vida, agresividad manifiesta, baja tolerancia a la frustración, lujuria, desenfreno sexual, alcoholismo, prostitución, múltiples abortos, adicciones, ideación suicida, intento de suicidio, suicidio.

En el caso de los abortos, es conveniente que la mujer pueda recibir contención afectiva, amor y respeto dentro de su círculo más íntimo, ministración espiritual y en algunos casos asistencia psicoterapéutica con acompañamiento respetuoso, empático y sostenido durante un tiempo. Recordemos que, en estos casos, la mujer lo que menos necesita es ser criticada y sometida a juicio.

En caso así, las principales problemáticas a enfrentar son:

- El poder pedir, entregar y aceptar el perdón. El perdón al bebé, a sí misma y a otros involucrados.
- Procesar las emociones, los sentimientos negativos y los reproches.
- Restaurar las relaciones afectivas que pueden estar bloqueadas o han sido perjudicadas a partir del aborto.
- La toma decisiones a partir de ahora.

Sentir que es perdonada por el bebé y por Dios ayuda al proceso de la culpa y el duelo. En el caso de un matrimonio o pareja que lo hayan decidido juntos y de común acuerdo, es importante pedirse perdón mutuamente, pues el hijo es de los dos.

Transitar este tipo de duelo es un proceso difícil pero necesario para la salud emocional de la mujer.

El **duelo por suicidio** de un ser querido es uno difícil de llevar. Algunos se suicidan para evitar problemas, otros para evitar responsabilidades o porque la vida se les ha tornado una carga imposible de llevar, y otros a causa de serias enfermedades mentales. En todos los casos, cualquiera sea la causa, el peso cae sobre los familiares. Elaborar este duelo no es tarea fácil pues aparecen muchos interrogantes sin respuesta que lo dificultan. Dudas, confusión, culpas de todo tipo, incluso por no haberse dado cuenta, por no haber podido prevenirlo, por no haber sabido comprender. Generalmente surge un difícil tiempo de grandes interrogantes hacia quien decidió por el suicidio, como: "¿Por qué lo hiciste?, ¿en qué estabas pensando?, ¿qué te pasó?, ¿por qué no nos dimos cuenta?, ¿en qué fallamos?, ¿en qué nos equivocamos? Te amábamos, ¿no te lo supimos demostrar? ..." y muchas más. Por supuesto, todas se quedan sin explicaciones ni respuestas que calmen el dolor. No se comprenden justificativos para un suicidio, y pueden surgir sentimientos de culpa, vergüenza y enojo hacia quien cometió el acto. Hay familias que optan por el silencio y esto queda guardado como un secreto familiar. Es un duelo difícil de elaborar, pero es necesario transitar el proceso. En muchos casos necesitan ayuda profesional. Es importante dejarse ayudar. Hay grupos de ayuda para estos casos.

Una palabra para los familiares: transcribo a continuación un párrafo del libro "Salud mental y fe" que escribimos sobre este tema: "El suicidio es el acto deliberado de quitarse la vida. El suicidio y los comportamientos suicidas generalmente ocurren en personas con uno o más de los siguientes factores: trastorno bipolar, trastorno límite de la personalidad, depresión, consumo desmedido de drogas o alcohol, trastorno de estrés postraumático, esquizofrenia o tener un historial de abuso sexual, físico y emocional."

Vemos que las ideas suicidas son un síntoma que puede aparecer en el transcurso de varias enfermedades mentales. El enfermo planea su suicidio y lo realiza por un acto de desesperación o, en el caso de un psicótico, porque delira y alucina sobre el tema. El suicido es una problemática más común de lo que creemos. En la actualidad, cada cuarenta segundos alguien muere por suicidio en el mundo.

El **duelo por la muerte por homicidio** es muy difícil. No hay muerte más incomprensible y traumática como la muerte por homicidio. Abordar este tema no es tarea fácil. En los años recientes el índice de homicidios se ha elevado de manera gigantesca. El proceso de duelo en estos casos es doblemente difícil y doloroso, porque surgen sentimientos de furia, ira, enojo, deseos de venganza y la necesidad de hacer justicia respecto de el o los culpables, que colapsan la estabilidad. Se suman a esto los largos trámites policiales y judiciales, con el consiguiente desgaste psicofísico donde en muchas ocasiones la ley no hace justicia. Generalmente el duelo se prolonga por más tiempo, y puede desencadenar un duelo patológico. Este tsunami de emociones está bien representado en las frases de una madre que perdió a su hijo en un asesinato: "Primero sentía dolor, y luego deseaba matar a ese asesino con mis propias manos. Si en ese momento hubiese tenido la oportunidad, lo hubiera hecho. Yo siempre me quedo sentada en la misma silla esperando que me llame [...] Para mí, mi hijo está de viaje". La espera de la pronta llegada confirma su negación a despedirse de su hijo. Este camino del proceso de duelo es tremendamente complejo.

El **duelo sin resolver** se da cuando una persona queda estancada en una etapa del proceso. No puede superar el sufrimiento que le produce la ausencia del ser querido que ha muerto. Por lo general son personas que se aíslan y no quieren hablar con otras. Se esfuerzan usando máscaras frente a los demás, encubriendo sus verdaderos sentimientos de dolor permanente. De esta manera el duelo se estanca y no se supera. Necesitan ayuda psicoterapéutica para transitar con autenticidad el proceso de duelo, de lo contrario quedan atrapadas en un sufrimiento sin resolver.

El **duelo ausente** es cuando no se produce la resolución del duelo por quedar la persona atrapada en la primera fase del proceso de duelo. Continúan en la negación, no pueden aceptar la muerte del ser querido y no avanzan hacia la nueva realidad. Viven pensando que alguna vez despertarán de la pesadilla y todo volverá a ser nuevamente como antes, o que el familiar volverá luego de haber hecho un largo viaje. Las personas en esta situación necesitan ayuda para poder avanzar en su proceso hasta llegar a la aceptación de su nueva realidad.

Recuerdo el caso de una paciente (escribe Élida), en el que su esposo había fallecido hacía nueve años por un accidente laboral. Tenían seis hijos, y su esposo los llevaba cada mañana hasta el colegio y luego se iba a trabajar. Como todos los días, esa mañana el esposo salió de la casa, pero esta vez... no volvió. Falleció electrocutado por un desperfecto en una de las máquinas. A pesar de haber estado en el funeral de su esposo, ella espera cada tarde que él regresará nuevamente. Su placard, su ropa, sus zapatos y aun los medicamentos los conserva tal cual. Ella vive triste, llora y va al cementerio cada mañana. Sus hijos han crecido y están desarrollando sus habilidades y capacidades a través de sus estudios y trabajos. Uno de ellos trae a su madre al consultorio. Al momento de su primera consulta, continuaba con la negación de la muerte de su esposo y sin poder aceptarla. Con psicoterapia pudo ir avanzando en el proceso de duelo. Ha pasado por todas las etapas hasta que logró aceptar la realidad y tomar decisiones saludables, que le ayudaron a tener una mejor calidad de vida.

Que puedas recorrer las etapas del proceso de duelo es útil y necesario para seguir adelante y cumplir los sueños del Señor para tu vida.

El **duelo retardado** sucede cuando no se afronta la situación y se demora el proceso de aceptación. Recuerdo el caso de una paciente (escribe Élida), contadora de profesión, que trabajaba junto a su esposo en un proyecto familiar, pero él falleció de un ataque cardíaco jugando al fútbol en un club de barrio. Ella siente que, en la compañía, frente a sus empleados, debe ser fuerte y controlar la situación, sin dejar al descubierto su debilidad, tristeza, dolor y vulnerabilidad por la muerte de su esposo. Sacó fuerzas de donde no había y siguió sola con toda la responsabilidad. Dejó a un lado su dolor y sus emociones y se enfocó en el trabajo, en las responsabilidades a cumplir. Creía que tenía que ser fuerte frente a los demás. De esta forma ha contenido sus emociones y ha retardado su proceso de duelo. Cuando llega al consultorio, después de varios años de fallecido su marido, reconoce que su dolor está allí, intacto, escondido en su corazón, y que sus preguntas, sin respuesta todavía, están en sus pensamientos, en su angustia y en una tristeza a flor de piel ya a punto de aflorar. Su duelo ha quedado retardado por pensar que debía ser fuerte. De a poco se permitió y dejó fluir sus emociones y toda su tristeza. Pudo atravesar su proceso paso a paso y recobrar la salud.

El **duelo inhibido** se da en las personas que no saben o no pueden expresar sus sentimientos. Refrenan sus sentimientos de dolor frente a la muerte de un ser querido y de esta manera no pueden transitar el proceso normal de duelo sin ayuda psicoterapéutica. La consecuencia del duelo inhibido es que como sus emociones no se pueden expresar libremente, y no pueden decir cómo se sienten, entonces quien se expresa es su cuerpo. Es por eso que se manifiesta con todo tipo de patologías psicosomáticas.

El **duelo desautorizado** sucede cuando otros no te permiten dolerte. Recuerdo (escribe Élida) una paciente que llegó a mi consultorio después de que su esposo había fallecido hacía tres años. Ella se casó muy jovencita y sin el consentimiento de sus padres, que rechazaban a su marido por ser de otra cultura y nacionalidad. Al enviudar, ella vuelve a vivir a la casa paterna. Sus padres, lejos de estar tristes, estaban aliviados por la muerte del muchacho, ya que creían libre a su hija para poder realizarse de otra manera, mucho más adecuada a su estándar de vida. Cuando en varias oportunidades su madre la veía llorar, la reprendía diciendo que ese hombre no merecía sus lágrimas, que ella merecía un esposo mucho mejor que aquel. A pesar de que todos los procesos de duelo son necesarios, la madre no solo no aprobaba su matrimonio, sino que consideraba que su fallecido esposo no era merecedor de su duelo y de sus lágrimas. La madre no podía aceptar que su hija estuviera sufriendo por el duelo de aquel joven.

Para concluir, cada duelo es distinto y es necesario transitarlo de forma única e individual, cada uno con sus fases y etapas. No todos los duelos se transitan de la misma manera. Que puedas recorrer las etapas del proceso de duelo es útil y necesario para seguir adelante y cumplir los sueños del Señor para tu vida. Él es el dueño de tu vida, si es que confías en él y le has entregado tu vida al Señor Jesucristo y le has aceptado en tu corazón como tu Redentor y Salvador. El proceso de duelo te ayudará a aceptar la muerte del ser querido que ha cerrado sus ojos para siempre en esta tierra, pero que los ha abierto en las moradas eternas junto a Jesús. Es necesario aprender a expresar los sentimientos, y a vivir con el sano recuerdo de aquellos a los que amamos y hoy no están con nosotros. A través de estas líneas, ahora sabes qué es el duelo y cómo se presenta. Es

Es necesario recorrer el camino para superar el dolor, la angustia, la ira, la culpa, la tristeza y sobrellevar el dolor hasta transformarlo en aceptación y lograr recordar sin sufrir a quien amas.

necesario recorrer el camino para superar el dolor, la angustia, la ira, la culpa, la tristeza y sobrellevar el dolor hasta transformarlo en aceptación y lograr recordar sin sufrir a quien amas.

CAPÍTULO 2: ETAPAS DEL DUELO

1 – EL DUELO Y SUS TIEMPOS

Ver morir a un ser querido es quizás la experiencia más dolorosa y abrumadora de la vida. Es ahí donde comienza un periodo de tiempo tan difícil como especial, de mucha vulnerabilidad, en el que se vivencia una gran batería de mezclados sentimientos. Es un espacio de tiempo donde la fluctuación del ánimo es lo más común, y la fragilidad del ser está en la superficie de la persona.

Para muchos es un tiempo de sentir incomprensión por parte de personas cercanas, por lo que frecuentemente esconden sus verdaderos sentimientos. Otros prefieren mantenerse alejados, apartarse y vivir esos momentos en soledad, lo que agrega al dolor el sufrimiento del aislamiento emocional. Esta incomprensión y falta de empatía ante el dolor es muy frecuente en los círculos de amigos, compañeros y hermanos de la iglesia. No siempre las personas saben llorar con los que lloran, sufrir con el dolor del otro. Empatizar es cuando nos duele el dolor de quien tiene su corazón triste o está llorando. Es saber ponerse en el lugar del otro para sentir lo que el otro siente. Es necesario comprender que el proceso de duelo por la muerte de un ser querido cercano es un tiempo de intenso dolor emocional.

Después del funeral se entra en el duelo. Para salir de él, hay que atravesar un proceso que lleva tiempo; un tiempo activo, no pasivo, con dolor y muchas veces esfuerzo. Para poder elaborar el duelo es necesario llegar a aceptar la realidad de la pérdida. La realidad de su ausencia es muy dolorosa e implica tiempo y lágrimas. Y es necesario respetar ese tiempo. Cada uno tiene el suyo. Es un tiempo en el que los sentimientos, los pensamientos y aun la voluntad van cambiando a medida que se van transitando las etapas del proceso. Es un tiempo único y sin igual para cada persona.

Cuando la persona llega a tomar conciencia de la irreversibilidad de la muerte, siente una profunda tristeza, una pena que cala muy hondo el corazón, difícil de explicar con palabras. Esta es la etapa llamada tristeza profunda, y requiere mucha comprensión, amor y respeto por las expresiones que los sentimientos producen. Se sufre la presencia de la ausencia. Lo que la mente sabe, el corazón no lo entiende todavía. Es muy común comprender con la mente los pensamientos sobre la realidad de la muerte, pero no es así desde el corazón. El calendario tiene un ritmo del paso del tiempo que el corazón no reconoce, sencillamente porque tiene otro ritmo. Es por eso que muchas veces a los amigos y familiares del deudo un año les parece mucho tiempo, pero para el corazón herido esto ocurrió ayer. En un momento dado y por distintos motivos, como fechas de cumpleaños, aniversarios, Navidad, etc., el dolor resurge como nuevo, el lugar vacío duele más. El dolor está todavía en proceso, el corazón necesita su tiempo.

2 - LA IMAGEN DE UN TÚNEL

Para tratar de explicar lo que se siente en este proceso usamos la imagen de un túnel. Es como si camináramos por una carretera, y de pronto entramos en un túnel que atraviesa por debajo de una montaña o ciudad. El dolor durante este proceso es como caminar cada día en soledad por un largo y oscuro túnel donde no se entiende mucho, no se ve nada. Caminando por este túnel todos los días son grises y la tristeza es la compañía permanente de cada paso. Tampoco se vislumbra la salida. Hay una salida, se sabe que la hay, pero no se la ve ni se la siente. Se transita a través de la oscuridad del dolor, el sufrimiento de la tristeza profunda, la incomprensión de muchos, la no empatía de otros, algunas veces aturdidos por mil preguntas sin respuesta, y muchas veces acompañados por el sentimiento de soledad y vacío. Leemos en Isaías 50:10 *"Entre ustedes, ¿quién teme al Señor y le obedece? Si caminan en tinieblas, sin un solo rayo de luz, confíen en el Señor y dependan de su Dios".*

Esta es la sabia recomendación de Dios para este tiempo. Para algunos este túnel o tiempo al que llamamos proceso de duelo es más largo que para otros, dependiendo de la fuerza del yo, de la capacidad de resiliencia, de la relación, del motivo de la muerte y de la calidad afectiva con el difunto, entre otras cosas. Cuando la relación ha sido mala, el duelo se vive con amargura; de lo contrario, con una pena muy profunda. Pero en todos los casos se hace necesario curar la herida por la pérdida.

En el proceso de duelo hay altibajos, recaídas, avances y retrocesos, hay días buenos y días malos, experiencias nuevas y diversidad de sentimientos. Es necesario transitar todo el proceso, siempre respetando y aceptando los sentimientos y las reacciones propias de cada persona en cada etapa. A medida que se va acercando gradualmente la salida del túnel se llega a la superación del duelo, que implica integrar a la vida la realidad del fallecimiento del ser amado.

3 - ETAPAS DEL PROCESO DE DUELO

Hay personas que creen que el tiempo soluciona todos los problemas y sufrimientos. Nosotros sostenemos que no es el tiempo el que solucionará o sanará tu dolor. Es un camino que hay que andar. Ese camino es llamado proceso de duelo, porque realmente es un proceso que no es pasivo, son pasos que hay que ir dando uno a la vez y puede conllevar largos días y muchas lágrimas. Las etapas de duelo que desarrollaremos a continuación no siempre se dan en el mismo orden. Es común que una persona vuelva a pasar nuevamente por una determinada etapa, pero ya con un mayor crecimiento en cuanto al dolor. Cada persona es única y transita cada etapa como mejor puede.

Descripción las etapas del proceso de duelo:

a. La negación

La negación es un periodo en el cual se manifiesta notablemente un rechazo a reconocer la verdad de la realidad. Es la reacción inicial. La persona no puede aceptar la noticia por resultar muy dolorosa, incomprensible o inaceptable para su corazón. Esta primera etapa en psicología se conoce como negación, estado de shock, aturdimiento, indiferencia, insensibilidad o parálisis de las emociones. La persona queda aturdida entre miles pensamientos entrecruzados con múltiples sentimientos. Muchos quedan confundidos, paralizados. Otros reaccionan con actitudes exaltadas y exclaman sin mucho control sus expresiones de dolor. Para algunos, la negación es tan profunda que en el velatorio saludan y atienden a todos sus amigos y familiares como si fueran visitas en otro contexto.

Por lo general, la noticia de la muerte de una persona amada genera una reacción natural de negación, se activa un mecanismo de defensa ante el dolor y la persona se dice a sí misma, de forma inconsciente, que lo ocurrido no es verdad. Es un tiempo de shock, donde no se puede creer lo que se está viviendo, no se puede reconocer la realidad de lo que está pasando o de lo que ya pasó: que su familiar tan querido ha fallecido.

En esta etapa del duelo se escuchan frases como estas, "¡Esto no puede ser verdad!", "¡esto es una pesadilla!", "¡no, no puede ser!", "¡la persona que me prometió que siempre iba a estar a mi lado, que podía contar con ella siempre, hoy no está, no puede ser, no!", "no puedo creerlo", "díganme que no es verdad lo que está pasando", "no puede ser, hubo un error". Estas y muchas otras frases similares son expresiones comunes de un primer momento. La persona sufre un impacto emocional tal que queda paralizada sin saber qué hacer, qué decir, qué expresar. Esta etapa es la expresión del deseo de negar, de no aceptar esa situación, de desear que todo siga igual con la vida como si no hubiera pasado nada. Para poder seguir adelante, la persona se queda congelada para no sentir dolor. Es un mecanismo de defensa muy útil en un primer momento, sirve de protección frente a la desesperación y confusión.

La causa de la confusión es muchas veces el creer que se tiene todo bajo control, que por ser hijos de Dios estamos inmunes a todo dolor. Pensar que Dios estará siempre a nuestra disposición para acudir a nuestro clamor y obedecer todos nuestros requerimientos y satisfacer todos nuestros pedidos y deseos. La confusión viene por pensar que somos un pueblo especial, inmunes y diferentes a los del mundo, y que nada malo nos puede sobrevenir si permanecemos bajo la poderosa mano de Dios. Es por eso que cuando los dolores nos sorprenden, caemos en confusión y surgen del corazón... "¡¿cómo?!, ¡¿yo?!, ¡¡si soy hijo de Dios!!" Y así, muchos creyentes, hijos de Dios, quedan confundidos. Además, vivimos inmersos en una sociedad que tiene respuestas para todo y ahora no encontramos respuesta para nuestra confusión, sufrimiento y dolor. El sufrimiento nos resulta incomprensible.

b. **El enojo**

Esta es la etapa donde el dolor generalmente se expresa a través del enojo, la rabia o la ira. Ahora hay un reconocimiento de la verdad, y la persona en duelo se pregunta: "¿Por qué precisamente a mí?" Este tiempo es llamado también periodo de ira. Se manifiesta enojo e impotencia.

Los sentimientos se expresan, y se escuchan frases como: "¿Por qué te fuiste?, ¿por qué me dejaste?, ¿por qué me has hecho esto?", culpando al difunto. En otras oportunidades la ira va contra el hospital como institución, o hacia las personas que lo atendieron, hacia algún médico en especial o hacia la atención médica, porque no hicieron lo suficiente, no fueron efectivos para salvarlo de la muerte, o bien contra los enfermeros que no han hecho tal o cual cosa que hubiese evitado la muerte.

En general son sentimientos de culpa puestos en el afuera. Se cree que los culpables son otros, por eso hay enojo contra ellos, incluso contra Dios que lo permitió. En esta fase del proceso muchos, al reconocer que la persona no va a volver, se enfadan. El dolor de la irreversibilidad de la muerte les hace arremeter contra todo y la tristeza se transforma en enojo.

Job, atravesando esta etapa en su dolor expresa en varios momentos estos sentimientos. Leemos en el libro de Job 16:7-8 *"Oh Dios, tú me has molido y arrasaste con mi familia. Me has reducido a piel y huesos, como si tuvieras que demostrar que he pecado; mi carne consumida testifica en mi contra"*. Y en el capítulo 16:12: *"Yo vivía tranquilo hasta que él me quebró; me tomó por el cuello y me hizo pedazos. Después me usó como blanco"*.

En el capítulo 19:6 dice: *"Pero es Dios quien me hizo daño cuando me atrapó en su red"*.

En el 19:8-12 dice: *"Dios ha cerrado mi camino para que no pueda moverme; hundió mi senda en oscuridad. Me ha despojado del honor y ha quitado la corona de mi cabeza. Por todos lados me ha destruido, y estoy acabado. Arrancó de raíz mi esperanza como un árbol caído. Su furia arde contra mí; me considera un enemigo. Sus tropas avanzan y construyen caminos para atacarme; acampan alrededor de mi carpa"*.

En el 19:21, Job dice: *"Tengan misericordia de mí, amigos míos, tengan misericordia, porque la mano de Dios me ha golpeado".*

Con sus palabras Job expresa sentir frustración, y hace responsable a Dios en su intenso dolor. A pesar de esto, Job no cometió pecado porque no hubo rebeldía contra Dios, solo la expresión de su desgarrado corazón. Porque leemos lo que Dios dice en Job 1:22: *"A pesar de todo, Job no pecó porque no culpó a Dios".* Y en el 2:10 lo refuerza diciendo: "... A pesar de todo, Job no dijo nada incorrecto». Job tuvo la necesidad de desahogar su dolor tan inmenso, habiendo perdido a sus siete hijos y sus tres hijas todos ellos en un mismo día, además de todas sus posesiones y su salud. Leemos en Job 10:1, *"Estoy harto de mi vida. Dejen que desahogue mis quejas abiertamente, mi alma llena de amargura debe quejarse."*

Una señora, con un dolor expresado con enojo por el fallecimiento de su hermana dijo: "Falleció por culpa de los médicos, que no se dieron cuenta de que ella estaba muy delgada por estar dándole batalla a su cáncer, y le dieron medicamentos muy fuertes que la pobre no resistió y murió. Es por eso que hice un planteo legal hacia el sanatorio".

Algunas personas atravesando esta fase del proceso, dirigen su enojo hacia afuera. Culpan por la muerte a los medicamentos o a la mala atención de quienes debían cuidarlo mejor. Como en el caso de una paciente en mi consultorio (escribe Élida) en que falleció su esposo, y en pleno dolor, ella expresó, "mi esposo estaba bien ya, pero los medicamentos que le daban a tomar eran tantos y tan fuertes que terminaron matándolo". Para ella su esposo murió por la excesiva cantidad de medicamentos que le administraron y no por la neumonía que padecía. Con mucho dolor ella explicaba: "lo que pasó es que a mi esposo lo trasladaron a una clínica que era nueva y no tenía los profesionales suficientes; además los enfermos eran muchos y el equipo de enfermeros no podían atenderlos a todos; es por eso que fue desatendido y murió".

- En otra oportunidad escuché decir: "La culpa la tiene la clínica porque lo trasladaron a otro hospital diciendo que no tenían los medios necesarios, y era mentira, se lo quisieron sacar de encima porque yo les cuestioné todas las cosas, y bueno... ¡¡estaba desesperada!!".

Los enojos en este proceso son brotes de amargura y dolor, naturales del duelo. Pero si estos sentimientos no se resuelven no permitirán superar esta etapa. Lo importante es, frente a lo incomprensible, imitar la actitud de Job, no rebelarse contra Dios, no quedarse en esta etapa sino continuar con el proceso.

c. **La culpa**

En una oportunidad (escribe Élida) armé un grupo de terapia con pacientes que tenía en psicoterapia individual que estaban atravesando por un tiempo de duelo. En una sesión, trabajamos el tema de la culpa. Transcribo aquí algunas de las frases escritas por ellos pensando que son para su bien. Por supuesto, con las debidas autorizaciones y con adaptaciones para no revelar su identidad.

- Un paciente escribió: "A veces, por las noches me despierto y los recuerdos invaden la soledad de mi cama pensando por qué no hice tal o cual cosa. Otras noches me torturan pensamientos de que debí ser más cariñoso y amable con ella. Yo siempre corriendo y apurado con todo el trabajo; solo le pedía y le reclamaba. Ahora es demasiado tarde".

- Una señora expresó: "Me siento culpable por haberme enojado y haberle dicho cosas tan ásperas; no fui justa para nada. Lo siento tanto".

- Otra dijo: «... es por eso que me reprocho muchas cosas que no hice y otras que no debí haber hecho. Estos recuerdos y pensamientos carcomen mi interior cuando me acuesto, me duele el alma, pero ya... ¿qué puedo hacer? Señor, perdóname el pasado, ¡tantos errores cometidos!".

- Otra paciente del mismo grupo de terapia escribió: "Los recuerdos han llegado a ser una fuente de dolor para mi corazón. Los recuerdos lindos pierden su brillo, su belleza y alegría, y me traen nostalgia y lloro porque ya no volverán. Los recuerdos duros me causan culpa, remordimiento y me hunden en un pozo sin salida. Todos los recuerdos me hacen mal. El otro día se me acercó una amiga de la iglesia y me dijo 'debes agradecer a Dios el tiempo que estuvieron juntos'. Cuando la escuché, sentí una punzada en el pecho; esas palabras, lejos de ayudarme, me dolieron... ¿Qué me pasa? ¿Tiene remedio mi corazón? ¿Estaré bien algún día? ¿Me merezco este dolor? ¿Me está castigando Dios? ¿Qué tan mala he sido? ¿Tantos errores he cometido? Me doy cuenta de que la culpa es una tortura que lastima mi alma y no mejora las cosas. Debo aprender a rechazarla de mi mente y llevarla a la cruz, después de todo, el Señor comprende mi dolor. Sí, él llevó nuestros dolores en la cruz, así lo dice Isaías 53. Gracias, Señor".

Esta etapa del proceso de duelo está caracterizada por el sentimiento de culpa. Esta es otra reacción ante el dolor.

Escuché a una madre decir: "Si me hubiera dado cuenta antes de que tenía una enfermedad...". Un padre dijo: "Si no le hubiera dado permiso para salir esa noche con el auto no hubiera sufrido el accidente".

En general no es culpa real, en el sentido de que sean realmente culpables de haber provocado la muerte, sino que es lo que llamamos culpa inapropiada, falsa o irracional. La persona no es culpable en realidad, pero se siente culpable. Muchas veces esto lleva a idealizar al difunto, recordando solo sus aspectos buenos y positivos, y la culpa brota espontáneamente con autorreproches. Esto puede producir trastornos del sueño como el insomnio. En esos casos es necesario consultar con un profesional de la salud para ser medicado por el insomnio y poder dormir normalmente. No dormir hace mal.

Ante la muerte no hay explicaciones que den sosiego a un corazón herido. Es un paso que hay que transitar, vale la pena hacer el esfuerzo mental y dejar atrás el sentirse culpable por lo que se dijo, por lo que no se dijo, por lo que se hizo y por lo que faltó por hacer.

Algunas personas recuerdan las cosas feas que ha hecho el que hoy está muerto. Si este es tu caso, la recomendación es dejar todo resentimiento atrás y perdonar, aunque ya no estén aquí en la tierra. Es recomendable renunciar a seguir culpando al que no está por lo que ha dicho o hecho. Todas las personas somos seres humanos defectuosos e imperfectos, con gran capacidad de cometer errores.

En una entrevista personal una paciente expresó (escribe Élida): “Fue por mi culpa. Yo le voy a explicar bien, esa noche estábamos discutiendo y le grité con toda mi furia diciéndole que se vaya de mi casa, que no lo quería ver nunca más. Sabiendo que él no tenía dónde ir, le grité y le insulté con toda mi ira: ‘¡Andá a dormir debajo de un puente!’ Él no me dijo nada, se quedó sentado un rato y luego se fue a acostar, a la mañana siguiente tuvo un accidente cerebro vascular y a los pocos días falleció”.

- Una señora cuyo marido había fallecido de cáncer de colon dijo: “Por mi culpa él se murió. Si yo me hubiera preocupado un poco más cuando lo veía tan cansado y le hubiera prestado más atención cuando lo veía vomitar, si yo le hubiera sacado un turno con el médico, porque él no lo hacía. ¡¿Cómo no me di cuenta antes?!”.

La culpa es una etapa donde con el tiempo llega el alivio, y se resuelve continuando el camino hacia una próxima etapa.

d. **La tristeza profunda (o depresión reactiva transitoria)**

Esta etapa se caracteriza por sentimientos de pena, tristeza, desconcierto, soledad, sentimientos de abandono de parte de quienes le rodean y poca valoración hacia sí mismo.

A la fase de la tristeza profunda se llega al reconocer que lo que ha pasado no se puede cambiar, no se puede volver atrás, la vida ya no va a ser como antes, lo que era no volverá nuevamente. El fallecido no volverá a la vida. Se reafirma la verdad de la irreversibilidad de la muerte. Se reconoce que la muerte es el fin de esta vida aquí en la tierra. Esto invade la mente y los sentimientos, esta dura verdad irrumpe en la conciencia, es por eso la tristeza profunda. Es la tristeza genuina por la realidad de la muerte. Es un sentimiento auténtico y sano. Leemos en Salmos 119:28-29 *"Lloro con tristeza; aliéntame con tu palabra... dame el privilegio de conocer tus enseñanzas".*

El síntoma principal de esta etapa es el llanto. Es un tiempo de lágrimas, de llorar. Es importante dejar drenar el dolor, expresarlo con libertad. De esta forma, y poco a poco, se va pudiendo aceptar esta verdad.

Es una temporada dolorosa. Un fuerte dolor indescriptible atraviesa el pecho fuertemente, sin demasiadas explicaciones. Sobreviene un fuerte y desconocido dolor lleno de turbulentos sentimientos, confusos pensamientos y repentinos recuerdos del ayer. La persona está dolida y su corazón quebrantado, así como todo su ser interior.

Es bueno recordar cómo Job elevaba en oración su dolor y sus lágrimas. Leemos en el libro de Job 16:20 *"...derramo mis lágrimas ante Dios".*

Recuerdo en mis días de profunda tristeza, atravesando el duelo por la muerte de mi hija Lorena (escribe Élida), que falleció a los 24 años, experimentar la frecuente necesidad de llorar durante el día y aun de noche.

Transitando esta etapa, una paciente con mucho dolor por el fallecimiento repentino de su esposo, mientras lloraba expresaba lo siguiente: "No puedo vivir con este dolor, no puedo hacer nada, ni limpiar mi casa. Nunca pensé que iba a pasar por esto y tan rápido. ¡¡51 años!! Siento que me hundo, que no puedo seguir, lloro todos los días, desde hace tres meses no puedo parar de llorar. Nunca estuve así. Hay días que no puedo levantarme de la cama; parece que estoy ahí pegada, no tengo fuerzas para levantarme y comenzar el día... ¡¡Lo extraño mucho!! Es el amor de mi vida, fue mi primer novio, el único en realidad, mi único hombre". Salmos 42:3 dice, *"Día y noche solo me alimento de lágrimas..."*.

Recuerdo una paciente de mi consultorio que, atravesando este proceso y entrando en la etapa de la tristeza profunda, escribió las siguientes frases que con su permiso paso a transcribir:

- "Hay días que lloro y lloro, no hago otra cosa. Me siento en el sillón a llorar y luego voy a la cama a llorar y dormir, y me despierto para llorar otra vez. No sé si esto es normal, pero me está pasando. Estoy muy triste y lloro todo el día".

- "Hay días que estoy muy cansada, es como que me domina el agotamiento y no tengo energías para hacer lo que se espera de mí; no puedo, me invade el cansancio. Es cansancio físico, pero también es cansancio de la vida, me siento cansada de tanto dolor, este dolor me domina, me abruma, me aplasta, me hunde. Me siento detenida en el tiempo. No puedo concentrarme cuando estoy trabajando o leyendo, los pensamientos me asaltan y confunden. Las lágrimas brotan de mis ojos automáticamente. No soporto su ausencia, no tolero que no esté. Necesito desesperadamente volver a ver a mi hijo, es lo único que tengo. Siento que mi vida se desmorona cada vez más. La realidad de su ausencia es intolerable, insoportable. Mi vida no tiene sentido. ¿Para qué seguir? Ya no me importa nada, nada, nada".

- Tiempo después escribió: "Tengo que aprender nuevamente a depender del Señor y a recibir de él las fuerzas que necesito, porque estoy sin fuerzas, sin motivación en absoluto. Sé que tengo que encontrar la razón de mi vida en el Señor, no hay otra manera, pero no tengo ni fuerzas para eso".

- Bastante tiempo después escribió: "Después de leer varias veces el salmo 121, hoy decido hacer la siguiente declaración: *¿De dónde vendrá mi socorro?, mi socorro viene del Señor, que hizo los cielos y la tierra.* El Señor mismo me cuida y me cuidará siempre, hasta el fin de mis días, lo sé. Sí, porque el Señor estará a mi lado como sombra protectora. El Señor me cuidará y me librará de todo mal. Sí, lo sé. Gracias, Señor".

- Semanas después, escribió: "A pesar de que los meses del calendario van pasando uno a uno, y de que el tiempo pasa y pasa... yo sigo sintiendo un profundo dolor, un hondo pesar. En la iglesia me siento fuera de lugar, tengo que reprimir el llanto frente a determinadas canciones de alabanza; parece como que todos ellos tienen una vida normal, pero yo... yo no. Me pregunto: ¿volveré yo a tener una vida normal? Cuando decido hacer algo nuevo que me gusta, después no me siento bien. Siento como que no merezco estar disfrutando cuando él está muerto. Me siento culpable de estar bien un rato, y eso oscurece todo lo lindo. El sábado acepté la invitación de mi vecina; era un paseo para los jubilados. A pesar de que yo soy un poco más joven, fui igual y lo pasé bien, pero por momentos me sentía incómoda, y sentía que me estaba esforzando demasiado. Llegué tan cansada que el domingo dormí todo el día. Es increíble, pero me cuesta disfrutar. Creo que no puedo. La vida se tornó muy difícil para mí".

En esta etapa del duelo, el reconocimiento certero de la muerte produce un insondable dolor, una tristeza profunda, abatimiento y, para muchos, parálisis de las actividades que realizaba por no contar con energía o fuerza psíquica. Su mundo se ha detenido. Es bastante común escuchar frases como estas: "No tengo ganas de nada", «solo tengo ganas de llorar", "nada me importa", "no sé ni para qué vivo", "¿para qué estoy vivo?", "no sé qué estoy haciendo aquí", "estoy cansado, solo quiero dormir". En este punto es frecuente la tendencia al aislamiento. La persona se repliega sobre sí misma a causa de su dolor. En todo momento encuentran motivos o excusas para no salir de casa o no asistir a reuniones sociales; dejan de congregarse en la iglesia, dejan de juntarse con los amigos de siempre, no responden llamadas telefónicas, rehúsan tener visitas, prefieren estar en la cama, llorar a solas, lo que aumenta el sentimiento de soledad.

El tiempo de dolor por la muerte de un ser querido supone días de dolor profundo, días grises de tristeza, fríos de soledad y de silencio. Son inviernos duros. Es un tiempo normal, pero aun así es importante saber que no debes permanecer en este escalón del proceso. En parte puedes permitírtelo un poco, y en parte debes esforzarte por salir y vencer la soledad y el aislamiento. Te hará bien compartir el dolor con alguien que te comprenda empáticamente, sin juzgar tus dichos o acciones. No te encierres en la soledad, la tristeza y el silencio. Busca a otros con quien dialogar. Ve al encuentro de quienes te aman y quieren ayudarte; están orando por ti y sufren por tu dolor. Las penas compartidas se alivian y se hace más liviano llevar la carga.

Se sufre el dolor de no poder compartir los nuevos acontecimientos de la vida familiar con la persona fallecida. Momentos de alegría se viven con sentimientos encontrados; por ejemplo, la alegría de que un hijo se gradúe, y la tristeza de que su hermano ya no está.

El dolor que le produce la aceptación de la continua presencia de la ausencia del ser querido es tan profundo que siente que nadie puede llegar a tener empatía hacia su dolor. Siente pesar al reconocer que para todos los demás el mundo sigue girando, que todos siguen con sus ritmos de trabajo y actividades habituales como si nada de importancia hubiera sucedido.

En esta etapa, además del llanto, se ponen en manifiesto muchos síntomas propios de la llamada depresión reactiva, que es una depresión temporal que es parte del proceso de pena y dolor que la persona está atravesando. Síntomas de esto son cansancio, falta de energía física y psíquica, profunda pena, aislamiento, soledad, parálisis de las actividades usuales y disminución de las funciones cognitivas como falta de concentración, pérdida de memoria, falta de interés por proyectos o metas, y olvidos, llamados olvidos benignos.

El amor expresado verbalmente y de forma práctica a través de acciones concretas es de gran ayuda para continuar a la siguiente etapa del proceso de duelo.

Una señora atravesando esta etapa expresó: "Un día encontré el azúcar guardado en la heladera y las llaves junto a las galletas". Estos son síntomas temporales. Pronto estos síntomas se aliviarán y todas las capacidades cognitivas volverán a su normalidad.

Esta etapa paulatinamente encontrará alivio. El amor expresado verbalmente y de forma práctica a través de acciones concretas es de gran ayuda para continuar a la siguiente etapa del proceso de duelo.

e. **La adaptación: resignación**

Después del cementerio, sin duda muchas cosas ya no serán iguales. Comienza un tiempo de incertidumbres, inseguridades, desorientación, falta de propósito, desubicación. Van transcurriendo las etapas y se llega a un punto en donde algunos se adaptan y se resignan a la nueva realidad.

Estando en esta fase, una paciente cuyo hijo había muerto en un trágico accidente hacía algunos años, decía las siguientes frases, separadas por un corto tiempo unas de otras: "*¿Cómo es que la vida continúa para los demás? ¿Por qué mi mundo se paró y no quiere girar nuevamente? ¿Cómo puedo continuar con mi vida? ¡La carga de mi tristeza es muy pesada, aunque los demás no la puedan ver! No puedo disfrutar de las cosas. No puedo participar de las actividades de la iglesia, me siento desvinculada. Vivo la vida como observadora. Las actividades que realizaba mi hijo en la iglesia ahora las están haciendo otros. Él estaba en el sonido, trataba con los músicos y el grupo de alabanza. Ahí todo sigue igual sin él, es como si nada hubiese sucedido. Pareciera que ya lo han olvidado. ¿Somos tan reemplazables? ¿Somos descartables? ¿Somos tan poca cosa? ¿Soy la única que siente y sufre el vacío que él dejó?*

Parece que estoy esperando que valoren a mi hijo que ya no está. Tal vez debería pensar que solo Dios valora lo que hacemos para él. Que Dios sí valora el servicio que ha realizado mi querido hijo.

¿Realmente necesito que el grupo demuestre que lo recuerdan y que valoran lo que hizo? Tal vez no sea eso lo que esté necesitando. Creo más bien que lo que estoy necesitando es que el Señor me ayude a no depender de cómo los demás valoren a mi hijo. Debería reconocer que cuando trabajamos para el Señor en la iglesia o en cualquier otro lado, no lo hacemos para nadie ni para el reconocimiento de otros, lo hacemos para el Señor, y su reconocimiento lo recibiremos cuando vayamos al cielo. Sí, mi hijo seguro recibió el saludo del Señor: "...Bien, buen siervo y fiel; sobre poco has sido fiel, sobre mucho te pondré; entra en el gozo de tu señor". Mateo 25:23 (RVR1960). Sí, me hace bien pensar así, aunque ya estoy resignada a no tenerlo más".

Resignarse es conformarse a una nueva realidad. Adaptarse es acomodarnos, adecuarnos, a esa nueva realidad.

En esta etapa surgen frases como estas: *"Y bueno, es así, ¡qué le vamos a hacer! No se puede hacer nada, ya está".*

"¡Con llorar no ganamos nada!"

"¡Ahora estaré viuda toda la vida!"

"Necesito terapia, pero no la puedo pagar. ¿Me pueden atender gratis?"

"¿Alguien me puede pagar los medicamentos?".

"Se me rompió el lavarropas, ¿la iglesia me lo puede arreglar?"

Es común sentirse víctima por la tragedia vivida y anclarse en esta etapa permaneciendo en el sufrimiento con una actitud de desamparo, no pudiendo dar otro significado a la vida.

CAPÍTULO 3: DUELO, SUFRIMIENTO Y FE

1 – SUFRIMIENTO EN EL TIEMPO DE DUELO

¿Has pasado por periodos en tu vida donde has sentido un gran desconsuelo en tu corazón, como que te hundías en un pozo? ¿Te han asaltado dudas, temores o angustias? No solo a ti te pasa. Recuerda el salmista cuando en Salmos 43:5 dice,

"¿Por qué estoy desanimado? ¿Por qué está tan triste mi corazón? ¡Pondré mi esperanza en Dios! Nuevamente lo alabaré, ¡mi Salvador y mi Dios!

¿Por qué estoy desanimado? ¿Por qué está tan triste mi corazón? ¡Pondré mi esperanza en Dios! Nuevamente lo alabaré, ¡mi Salvador y mi Dios!

Es un hermoso versículo que, superada la angustia por el dolor, te propone decidir poner toda tu confianza en el Dios real, vivo y verdadero.

a. **Sufrimiento y fe**

Cuando hablamos del dolor del alma, hablamos de aflicción, de sufrimiento. Para este dolor no hay medicación que mitigue el intenso dolor del corazón. Dios el Padre, nuestro creador, nos ha dado una medicina para el alma muy adecuada si la sabemos encontrar en su palabra, la Biblia, y somos capaces de aplicarla a nuestro corazón.

Isaías 53:3-6 dice: *"Fue despreciado y rechazado: hombre de dolores, conocedor del dolor más profundo. Nosotros le dimos la espalda y desviamos la mirada; fue despreciado, y no nos importó. Sin embargo, fueron nuestras debilidades las que él cargó; fueron nuestros dolores los que lo agobiaron. Y pensamos que sus dificultades eran un castigo de Dios, ¡un castigo por sus propios pecados! Pero él fue traspasado por nuestras rebeliones y aplastado por nuestros pecados. Fue golpeado para que nosotros estuviéramos en paz; fue azotado para que pudiéramos ser sanados. Todos nosotros nos hemos extraviado como ovejas; hemos dejado los caminos de Dios para seguir los nuestros. Sin embargo, el Señor puso sobre él los pecados de todos nosotros".*

Es permitir que el sacrificio de Jesús en la cruz vaya sanando el dolor interior.

Isaías describe a Jesucristo como: *"hombre de dolores, conocedor del dolor más profundo... él cargó con nuestras debilidades, dolores, dificultades y pecados... en la cruz fue traspasado, golpeado y azotado para que nosotros pudiéramos ser sanados".*

Cuando se vive la experiencia del fallecimiento de un ser querido muy cercano, la superación real del duelo y el consuelo auténtico y verdadero vienen al permitir que el Señor haga su obra en nosotros. Es permitir que el sacrificio de Jesús en la cruz vaya sanando el dolor interior. Porque Jesucristo cargó con nuestros dolores en la cruz para que nosotros pudiéramos ser sanados. Es su obrar en nosotros el verdadero y único camino para que podamos superar el dolor de la muerte, por ejemplo, de una hija, como fue nuestro caso.

En Salmos 147:3 leemos: *"Él sana a los de corazón quebrantado y les venda las heridas". Dios es fiel y sus palabras, verdaderas; las palabras de este salmo ha sido una realidad en nuestras vidas. Tomarse, asirse, aferrarse al Señor en medio del quebranto da alivio y sanidad a nuestro ser interior, ya sea que esté convulsionado o paralizado por el dolor.*

Dice Salmos 119:92 *"Si tus enseñanzas no me hubieran sostenido con alegría, ya habría muerto en mi sufrimiento"*. Sí, es verdad, la lectura de la palabra de Dios sostiene en la aflicción como ninguna otra cosa que podamos hacer para soportar el dolor y seguir adelante con la vida.

Leemos en Salmos 116:15 *"Al Señor le conmueve profundamente la muerte de sus amados"*. Este pasaje se reveló a mi vida (escribe Élida) de una manera distinta en ese momento, porque reconoce que el Señor no está ajeno a la muerte de nuestro ser amado, sino que le estremece profundamente el corazón al igual que nosotros. A pesar de que él lo haya permitido, él sufre a nuestro lado nuestro dolor. Esto es asombroso.

Salmos 121:1-2 dice, *"Levanto la vista hacia las montañas, ¿viene de ahí mi ayuda? ¡Mi ayuda viene del Señor, quien hizo el cielo y la tierra!"*

Doy fe de que, en el tiempo de duelo, como en muchas otras épocas difíciles que nos tocó vivir, la ayuda para el sufrimiento no viene de lo creado, solo viene de Dios, el Creador. La ayuda, el socorro, el sostén, las fuerzas, todo, lo recibimos de nuestro amado Señor. En tiempos de problemas y sufrimiento, se hace sumamente necesario acudir primeramente al trono de la gracia clamando por ayuda. Nos reconocemos impotentes, necesitados y dependientes de nuestro Padre Celestial.

El recurso al sufrimiento es la fe en el Dios único y verdadero, es confiar solo en el Señor y continuar confiando día a día, paso a paso. No perder la fe a pesar del sufrimiento.

Salmos 69:1-2 dice: *"Sálvame oh, Dios, porque las aguas de la inundación me llegan al cuello. Me hundo cada vez más en el fango; no encuentro dónde apoyar mis pies. Estoy en aguas profundas, y el torrente me cubre".*

Salmos 61:1-4 dice: *"Oh Dios, ¡escucha mi clamor! ¡Oye mi oración! Desde los extremos de la tierra, clamo a ti por ayuda cuando mi corazón está abrumado. Guíame a la imponente roca de seguridad, porque tú eres mi amparo seguro... Permíteme vivir... ¡a salvo bajo el refugio de tus alas!".*

b. **Sufrimiento y la imagen de un desierto**

Usualmente decimos que estamos atravesando un desierto cuando transitamos un tiempo de sufrimiento. El tiempo para procesar el duelo de una persona frente a una pérdida muy significativa para su vida es un tiempo de mucho sufrimiento, que haríamos bien en conocer y respetar, sin criticar ni exigir.

Es como caminar por un desierto. Allí, cada día encontramos el mismo paisaje. Todo es árido y pedregoso. Durante el duelo, el sentimiento de tristeza es el paisaje permanente del andar diario.

Los sentimientos, pensamientos y acciones están envueltos en dolor. Sí, es un tiempo de padecimiento. Nada es lindo, nada hay que provoque alegría. Día y noche son lo mismo; todos los días son iguales y el paisaje emocional no cambia.

Recordamos el relato de una persona que describió cada uno de sus días como una fotocopia del día anterior, todos iguales:

"Así como en el desierto hay escorpiones y víboras que nos causan miedo, así también tenemos temor a nuevos dolores, a nuevas enfermedades, a nuevas pérdidas. No hay descanso, el dolor y el temor están instalados en nuestro interior.

En el desierto el clima es seco, no hay agua. Así también la vida está seca en nuestro interior; poco o nada tiene sentido o importancia en este periodo. Para algunos, la vida misma ya no tiene sentido. Los sentimientos del corazón parecen secarse lentamente, nada brinda o provoca alegría. Aun las buenas noticias nos generan sentimientos encontrados. El corazón está triste. Todo tiene un tinte gris.

En el desierto no hay sembrados ni árboles ni plantas ni flores, solo cactus con sus espinas que lastiman al acercarse. Cualquiera que se acerca para saludar y nos dice algo o pregunta: '¿Cómo estás?' puede provocarnos dolor. ¿Por qué? Porque responder 'estoy bien' no es la realidad. Y tampoco puedo decir 'estoy mal', pues podría ser malinterpretado o juzgado desatinadamente. De hecho, muchas veces sucede que recibimos consejos tales como: 'Debes orar más, deberías confiar en el Señor, él debería ser tu fortaleza'. Esto nos llega como un reproche, como si estar mal fuera una muestra de falta de fe, y eso nos lastima. Por lo tanto, tendemos a aislamos. Para muchos esa es la mejor opción. No encuentran comprensión a su dolor en el grupo que frecuentan, ni empatía con sus sentimientos. Es que a muchas personas les resulta difícil 'llorar con los que lloran'. Tal vez creen que el momento de mayor sufrimiento es el día del sepelio; es por eso de que '¡hay que acompañar!', como dicen algunos, y no se dan cuenta de que es ahí donde recién se comienza a caminar con la compañía permanente de la presencia del dolor y la ausencia del ser amado. Es por eso que la persona que sufre, frecuentemente prefiere la soledad, y decide aislarse. Todo lastima. Y muchos dejan de congregarse al menos por un tiempo. En el tiempo del desierto emocional todo es padecimiento. Pasan los días, pero todo es igual; es como si el tiempo se hubiese detenido a pesar de que estamos caminando por la vida y los días van transcurriendo. Caminamos sin dar pasos, como por una cinta mecánica. El tiempo pasa, el calendario avanza, pero la vida está en modo automático, sin movimiento. Nuestro corazón está detenido.

En el desierto la temperatura es pendular. Durante el día hay 50º, hace muchísimo calor, y por la noche tenemos 15º bajo cero, hace muchísimo frío. De la misma manera, durante el tiempo de duelo, solemos transitar por un largo y difícil camino de desequilibrios pendulares de todo tipo, que haríamos bien en conocer y respetar sin criticar ni exigir. Desequilibrios físicos, hormonales, del ánimo, de las emociones, del sueño, de la alimentación, de las funciones cognitivas y aun de las actividades".

c. **Sufrimiento y el tiempo de desequilibrio**

Los desequilibrios se dan en distintas áreas:

- *Las emociones se desequilibran.* Es importante observar, sin criticar ni juzgar, que las personas suelen pasar en muy poco tiempo de estar alegres a estar tristes, y de estar eufóricas a estar deprimidas. Muchas veces aparecen confusión, dudas, culpas, desconsuelo, angustia, miedos, irritabilidad, abulia, desgano, momentos de ira y enojos. Todos estos desequilibrios del proceso de duelo son normales, y deben ser comprendidos y nunca juzgados mal, para no sumar más dolor al dolor y la tristeza propias de este tiempo con nuestra incomprensión, exigencias o críticas.

- *El ritmo del sueño se desequilibra.* Son tiempos de vigilia, donde la persona está durante la noche con los ojos clavados en el techo, sin poder conciliar el sueño, y luego pasa a un tiempo donde aumentan de las horas de sueño, o a estar en cama somnoliento todo el día. Es frecuente el insomnio como trastorno del sueño.

Job vivió esto, *"A mí también me ha tocado vivir meses en vano, largas y pesadas noches de miseria. Tumbado en la cama, pienso: '¿Cuándo llegará la mañana?'; pero la noche se alarga y doy vueltas hasta el amanecer"* (Job 7:3-4)

- *La alimentación se desequilibra.* Pasamos de tener días sin hambre, donde adelgazamos y no nos pasa la comida por la garganta, a experimentar tiempos de ansiedad mezclados con angustia; así vienen días de comer y comer, especialmente dulces y harinas, que levantan, aunque sea por breve tiempo, un poco el ánimo angustiado.

La falta de apetito lo experimentó Job, *"¿No se queja la gente cuando a la comida le falta sal? ¿Hay alguien que desee comer la insípida clara del huevo? Cuando la miro, mi apetito desaparece; ¡solo pensar en comerla me da asco!"* (Job 6:6-7).

- *El deseo sexual se altera.* Hay una disminución o perdida drástica de la libido; así como se reduce la capacidad de disfrutar de cualquier cosa, también disminuye la capacidad de disfrutar de las relaciones sexuales.

- *Se alteran las funciones cognitivas.* Tenemos fallas en la memoria y la atención, falta de concentración y embotamiento de la mente. Es una carga leer, trabajar o estudiar, o incluso algo tan relativamente sencillo como seguir el hilo de una conversación. Los recursos cognitivos se focalizan en la pérdida y el resto del entorno queda desdibujado y parcialmente desatendido, pudiendo generar conflictos laborales. A veces se presta atención extrema a los recuerdos del ser amado o la anulación excesiva de los mismos.

- *Las actividades se desequilibran.* Un hombre joven a pocos años de contraer matrimonio recibe la triste noticia de que su esposa padece de un cáncer terminal. Decidió tomar licencia en su trabajo y permaneció junto a ella cuidándola por varios meses hasta que llegó el tiempo de su partida a la eternidad. Se lo vio como un hombre fuerte en todo momento incluso en el cementerio. Poco tiempo después este joven comenzó a manifestar un desequilibrio en sus actividades. Trabajaba once horas al día en la empresa, y comenzó un proyecto de venta de mercadería online que le ocupaba seis horas diarias más. Dormía solo cuatro o cinco horas por noche, comía muy poco porque no sentía apetito, cosa que lo llevó a un desequilibrio psicofísico.

No son pocos los casos en los que con hiperactividad se tratan de tapar los pensamientos y sentimientos, aumentando así el ritmo y las horas de trabajo o, por el contrario, tener un total desinterés por las responsabilidades, experimentando un profundo cansancio o desgano. Job dice, *"Al menos puedo consolarme con esto: a pesar del dolor, no he negado las palabras del Santo, pero no tengo fuerzas para seguir, no tengo nada por lo cual vivir" (Job 6:10-11)*

Proverbios 17:22 dice, *"El corazón alegre es una buena medicina, pero el espíritu quebrantado consume las fuerzas".*

-*El desequilibrio espiritual* se produce cuando una persona sumergida en la tristeza profunda pasa sus días orando su dolor y leyendo la Biblia como lo único que la consuela y sostiene. Y luego pasa a tener días en los cuales no puede orar o la lectura de la Biblia lo lastima, le hace mal y es mal interpretada.

- *El desequilibrio en las relaciones interpersonales* es una realidad en la vida de muchos; las personas se aíslan, dejan de tener contacto con sus amigos y familiares, rehúyen las reuniones sociales y los encuentros, hay aislamiento. Job expresa su experiencia de la siguiente manera: *"Mis familiares se mantienen lejos, y mis amigos se han puesto en mi contra. Mi familia se ha ido y mis amigos íntimos se olvidaron de mí. Mis sirvientes y mis criadas me consideran un extraño; para ellos soy como un extranjero. Cuando llamo a mi sirviente, no viene, ¡tengo que rogarle! Mi aliento le da asco a mi esposa; mi propia familia me rechaza. Hasta los niños me menosprecian; cuando me levanto para hablar, me vuelven la espalda. Mis amigos íntimos me detestan; los que yo amaba se han puesto en mi contra. Quedé reducido a piel y huesos y he escapado de la muerte por un pelo" (Job 19:13-20).*

Es bueno conocer este desequilibrio y reconocerlo como algo natural en este momento de la vida. Es saludable comprender el sufrimiento como una experiencia de vida e interpretar lo que se está atravesando como un tiempo muy especial, para poder seguir adelante. Todos reconocemos que la vida es dada por Dios y que vale la pena ser vivida. Después de superar las etapas del proceso de duelo, el sufrimiento puede ser entendido como un tiempo de crecimiento en la relación con uno mismo y con Dios, y seguir confiando en él a pesar de todo. Es decidir "seguir firmes en el Señor siempre", y seguir relacionándonos con familiares y amigos.

Una paciente de mi consultorio, que había perdido a su esposo hacía cuatro años, en distintos momentos de la terapia expresó las siguientes frases que paso a transcribir con su permiso (escribe Élida): "La muerte de mi esposo fue muy difícil para mí, y aún más lo fue el tener que encarar la vida sola, enfrentándome a nuevas responsabilidades desconocidas para mí hasta ese momento. Me costó mucho pedir ayuda, pero mi hermana menor ha sido de gran ayuda. Recuerdo que me acompañó muchas veces a hacer trámites, e incluso a los consultorios médicos. Ella es una buena compañera y aprendí muchísimo con su compañía. Yo creía y sentía que no tenía recursos para enfrentar esta nueva etapa en la vida. Siempre pensé que la que se iba a morir primero iba a ser yo. ¡Tuve que aprender tantas cosas!... Ahora me doy cuenta de que necesito la ayuda de Dios para seguir adelante. Comprendo que él es fiel y sus promesas verdaderas. Me ayuda mucho leer la Biblia, me doy cuenta de que me da las fuerzas que no tengo. Me he sentido sola, muy sola. Pero quiero salir de este encierro que yo misma me impuse. Ayer leí '*Mi siervo Moisés ha muerto. Por lo tanto, ha llegado el momento de que guíes a este pueblo, a los israelitas, a cruzar el río Jordán y a entrar en la tierra que les doy' (Josué 1:2).* Y también '*... ¡Sé fuerte y valiente! No tengas miedo ni te desanimes, porque el Señor tu Dios está contigo dondequiera que vayas' (Josué 1:9).* Sentí muy fuerte en mi corazón que eran palabras de Dios para mí. Y tomé la determinación de levantarme y comenzar a caminar hacia adelante. Tengo vida, tengo presente y tengo futuro ¿verdad? Quiero volver a conectarme con los hermanos de la iglesia y con mis amigas nuevamente. Necesito recibir su cariño, su amor... Quiero volver a verlos, saber cómo están. Dios me sostiene, él me dará las fuerzas; después de todo, Filipenses 4:13 nos dice *"Pues todo lo puedo hacer por medio de Cristo, quien me da las fuerzas."* Sí, todo lo

¡Dios siempre da consuelo a la persona que sufre y da gracia para soportar el sufrimiento en tiempos de dolor! ¡Gracias, Señor! ¡Toda la gloria a él!

puedo lograr con el Señor que me da las fuerzas. Voy a hablar con el pastor y voy a volver a las actividades de la iglesia nuevamente. Estoy concurriendo a la iglesia todas las semanas y estoy orando mucho; siento cómo el consuelo de mi Señor Jesucristo va calmando mi corazón y sanando mis emociones. Estoy muy agradecida".

Querido lector, la verdad sea dicha: ¡Dios siempre da consuelo a la persona que sufre y da gracia para soportar el sufrimiento en tiempos de dolor! ¡Gracias, Señor! ¡Toda la gloria a él!

2 - DISTINTAS REACCIONES EN EL TIEMPO DE DUELO

Son muchas y diversas las respuestas emocionales y las reacciones frente a la muerte de un ser querido. Son diferentes en cada persona, y pueden ir variando a medida que van transcurriendo las etapas del proceso de duelo. Las emociones cambian según la relación que se tuvo con el fallecido, sean amigos, abuelos, padres, cónyuges, pero frente a la muerte de una persona muy cercana, como la muerte de un hijo, la persona se resiente en su totalidad.

Las alteraciones pueden ser a todo nivel, emocional, mental, físico, social y espiritual.

A nivel físico puede haber desequilibrio en el sistema hormonal, glandular, en el sistema digestivo, circulatorio. Así, puede haber dolores en el cuerpo, dolores de cabeza, en el pecho, taquicardias, falta de apetito, cansancio físico y trastornos del sueño, entre otros.

A nivel mental hay trastornos cognitivos, como pérdida de concentración y memoria temporal, una fácil desorientación, pensamientos disruptivos, entre otros.

A nivel de las emociones ellas se alteran, pueden aparecer rabia, culpa, ansiedad o tener una ausencia de sentimientos.

A nivel de la conducta pueden darse trastornos en la alimentación, distracciones, soñar con el fallecido, llorar, suspirar, guardar objetos del fallecido considerándolos de gran valor y visitar lugares que frecuentaba el fallecido.

A nivel social se produce una tendencia al aislamiento, a preferir estar solos, a alejarse del ruido, la música y las risas. Al ver que el mundo sigue girando y los amigos y familiares siguen con su rutina de actividades, muchos se sienten fuera de lugar o incómodos. Algunos esperan de ellos una mayor empatía, comprensión y apoyo y sienten que no reciben lo suficiente.

A nivel espiritual las personas reaccionan de distinta manera. La muerte cercana derrumba toda la estantería del sistema de creencias que antes sostenía sus vidas. Aparecen las dudas, los porqués, que retumban por la mente de manera intermitente. Todo se pone en tela de juicio en algún momento. O, dicho de otro modo, el sistema de creencias en tiempos difíciles es puesto a prueba. Cuando esto sucede, surgen distintas reacciones:

- Algunas personas viven sus vidas sin tener en cuenta a Dios y hacen lo que bien les parece según sus pensamientos, razonamientos y preferencias. Pero cuando la tragedia llega a sus vidas, buscan refugio espiritual, se acercan a Dios buscando ayuda y consuelo, y como *el que busca halla,* encuentran el amor de Dios en sus vidas. Creen en Jesucristo y tienen un encuentro personal con el Salvador. Otros, en cambio, al irrumpir la tragedia en sus vidas, endurecen aún más su corazón y no consideran a Dios como una opción para sus vidas.

- Por otro lado, hay personas que son creyentes porque creen en Dios, viven confiando en el Señor mientras la vida les sonríe, pero ante una pérdida endurecen su corazón y se alejan de él cuestionando su amor y su poder, sin tener en cuenta su soberanía. Se alejan de Dios con enojo.

- Hay otros que viven confiando en el amor y el cuidado de Dios, y al atravesar pérdidas, sufrimiento o dolor se aferran aún más a él y se refugian en sus brazos buscando ayuda y sostén. Comienzan una etapa de madurez, de cercanía y crecimiento espiritual, y de una mayor intimidad con el Señor.

- Hay personas que viven creyendo en Dios y confiando en sus bondades y su amor; incluso se lo enseñan a otros. Pero al llegar a sus vidas el dolor por una pérdida muy significativa, cuestionan el amor y el poder de Dios; su fe comienza a enfriarse a causa de la frustración. De a poco, la confianza se rompe y surgen dudas, enojo y un resentimiento contra Dios, y en su corazón se alejan paulatinamente de él. El silencio de Dios les resulta intolerable. No sienten nada cuando oran. Parece que sus oraciones solo llegan hasta el techo. Luchan en su interior y cavilan entre la fe y la no comprensión de la causa de su tragedia. No encuentran una respuesta respecto a por qué alguien ha muerto. Una persona que tiempo atrás supo sentir en carne propia el amor de Dios y sus bondades, actualmente reconoce que Dios existe y que lo ama, pero vive en un desequilibrio espiritual. Por momentos su fe tambalea y lo asaltan las dudas. Se siente traicionado por Dios, desconcertado por la tragedia y siente mucha frustración. Se enfría espiritualmente, aunque otros no lo noten. En su lucha interior reconoce que necesita renovar su relación con él y sabe pedir ayuda. Alguien lo acompaña en este proceso. Entonces, con sinceridad expresa en sus oraciones al Señor que se siente traicionado, verbaliza su frustración y expresa su confusión con honestidad. En este proceso se reconcilia con Dios, expresa todos sus sentimientos, se apoya en Dios porque sabe que lo necesita. Luego confirma su fe y confianza en él y recobra gradualmente su equilibrio espiritual logrando tener una relación más sólida y segura. Comienza una etapa de madurez, de cercanía, de crecimiento espiritual y de una mayor intimidad con el Señor.

En este punto, su vida hace un giro en el curso del proceso de duelo hacia la aceptación y superación de su dolor. Recibe la restauración de la mano de Dios.

Testimonio: ejemplo de un caso

Transcribimos con permiso las palabras escritas por una maestra de clase bíblica para niños de una iglesia, mamá de una niña de 9 años que luchaba por su vida en el hospital: "...la lucha entre la duda y la certeza, entre la fe y la incertidumbre, entre abandonarme a Dios y desafiarlo a que rompa el silencio. El silencio de Dios es el más terrible de los abismos. Si tuviera más fe, si pasara más tiempo en súplica delante de Dios... Le pedí más fe, una y mil veces; me sentía impotente y un poquito enojada con Dios porque no decía nada, no escuchábamos su voz. Su silencio en ese momento fue terrible. Yo sabía que Dios podía sanar, pero pasaban los meses y mi niña empeoraba cada vez más; el tiempo pasaba y Dios no hacía nada. Un día vino nuestro pastor a visitarnos y nos dijo que debíamos aceptar la voluntad de Dios, aunque fuera tremendamente difícil, y nos ayudó a orar así: 'Padre celestial, lo que tú quieras, nosotros lo queremos'. Lo hice llorando, pero convencida de que era lo mejor. A los dos días mi hija falleció. A pesar de todo me sostuve en la confianza en el Dios Todopoderoso, aunque no respondió a nuestras oraciones como hubiéramos querido. A los pocos meses sentía un dolor punzante, tan profundo que no entraba dentro mío. En las noches, mi mente se llenaba de recuerdos. El presente es oscuridad. El futuro, los sueños e ilusiones, todo está enterrado. Me siento resentida, enojada, dolida en lo más profundo de mi ser, siento que me arrebataron a mi hija. Quiero respuestas, las necesito. Quiero hacerle preguntas a Dios. '¿Por qué se murió?' Mi confianza en él se rompió, me cuesta creer, confiar nuevamente. ¿Cómo puedo seguir confiando en Dios cuando él no se dignó a usar su poder para sanar a mi hijita? Al mismo tiempo siento que necesito depositar mi fe en Dios y que no soy quién para juzgar su accionar, o más bien, su no accionar en sanidad cuando se lo pedimos tanto. Además, siempre supe que su voluntad es lo mejor, y ahora me cuesta tanto reconocerlo puntualmente en cuanto a mi niña. No puedo creer que esta haya sido su voluntad, ¡santa y perfecta!... No la veo ni la entiendo como perfecta para nada... ¡imposible! ¡¡¡Pero, Señor!!!... Señor, ayúdame a volver a decirte Señor; lo que tú quieras, nosotros lo queremos. Sí, quiero aprender a descansar en los brazos de mi Señor y seguir confiando en él.

Hoy vuelvo a decir, aun con mis pocas fuerzas que mi confianza está en Jesús. *'De hecho, sin fe es imposible agradar a Dios.*

Todo el que desee acercarse a Dios debe creer que él existe y que él recompensa a los que lo buscan con sinceridad' (Hebreos 11:6) ¡Señor, hoy decido nuevamente poner mi confianza solo en ti. Perdóname, perdona mi debilidad. ¡Señor, ayúdame!"

Sea cual fuere tu caso, tus circunstancias difíciles y dolorosas, no te detengas, no te tumbes, sigue firme, cuida tu fe, cree, continúa creyendo solamente en Dios, él es fiel, es amor y es verdad. Siempre nos escucha y está a nuestro lado. Por propia experiencia afirmamos que podemos acercarnos a Dios con libertad y confianza para expresar los verdaderos sentimientos que provoca el dolor de la muerte de una hija. Dios los conoce y los comprende. Cuando ponemos en oración nuestros sentimientos de dolor, se construye una relación con Dios tan profunda y auténtica que crecen la confianza y su cercanía.

Cuando ponemos en oración nuestros sentimientos de dolor, se construye una relación con Dios tan profunda y auténtica que crecen la confianza y su cercanía.

Cuando la muerte llegó sorpresivamente a nuestra familia nos sentimos asombrados y perplejos, pero "... *Estamos perplejos pero no caemos en la desesperación*" (2 Corintios 4:8).

Cuando Dios no respondió con la sanidad de nuestra hija, nos sentimos derribados por el dolor, "*...nunca somos abandonados* *por Dios. Somos derribados, pero no destruidos"* (2 Corintios 4:9).

Lee unas palabras de un sobreviviente de Auschwitz: "Jamás se me ocurrió cuestionar las acciones u omisiones de Dios mientras fui prisionero en el campo de concentración en Auschwitz, si bien comprendo, por supuesto, la razón por la que otros lo hicieron... Mi religiosidad no cambió ni en menos ni en más debido a lo que nos hicieron los nazis; creo que mi fe en Dios no disminuye en lo más mínimo. Jamás se me ocurrió relacionar la calamidad que experimentamos con Dios, o que él fuese culpable, o de creer menos en él o dejar de creer en él porque no acudió en nuestra ayuda. Dios no nos debe eso, no nos debe nada. Nosotros le debemos nuestra vida. Si alguien cree que Dios es responsable de la muerte de seis millones porque no hizo algo para salvarnos, está confundido. Le debemos a Dios nuestra vida por los pocos o muchos años que vivimos, y tenemos el deber de venerar y hacer lo que él nos ordena. Para eso estamos en la tierra, para servir a Dios, para cumplir sus designios" (Bernner, citado en el libro "Cuando la gente buena sufre" de Harold S. Kushner, 2007, p. 133)

3 - EXPRESIONES DE DOLOR EN EL TIEMPO DE DUELO

El duelo puede manifestarse a través de distintas expresiones. Un ejemplo de esto fueron las declaraciones de Job.

- **Deseos de morir:**
  "¡Ah, que se otorgara mi petición! ¡Que Dios me

concediera mi deseo! Quisiera que él me aplastara, quisiera que extendiera su mano y me matara" (Job 6:8-9)

"Odio mi vida y no quiero seguir viviendo. Oh, déjame en paz durante los pocos días que me quedan" (Job 7:16)

- **Pensamientos pesimistas:**
  "¿Tengo yo la fuerza de una roca ¿Está mi cuerpo hecho de bronce? No, estoy desamparado por completo, sin ninguna oportunidad de salir adelante" (Job 6:12-13)

- **Sentimientos de culpa:**
  "Enséñame, y me quedaré callado; muéstrenme en qué me equivoqué" (Job 6:24).

  "¿Por qué mejor no perdonas mi pecado y me quitas la culpa? Pues pronto me acostaré en el polvo y ahí moriré. Cuando me busques, me habré ido" (Job 7:21).

- **Sentimientos de desesperanza:**
  "Mis días pasan más rápido que la lanzadera de un telar y terminan sin esperanza. Oh, Dios, recuerda que mi vida es apenas un suspiro, y nunca más volveré a ser feliz" (Job 7:6-7)

  "Mis días se acaban. Mis esperanzas han desaparecido; los deseos de mi corazón están destruidos" (Job 17:11).

- **Tristeza en su rostro:**
  "Si decidiera olvidar mis quejas, abandonar mi cara triste y alegrarme" (Job 9:27)

a. **Tristeza**

Un sentimiento auténtico en el dolor es la tristeza. Sentir tristeza no es pecado. La tristeza es una expresión normal de dolor cuando llega la muerte de un ser amado. No es conveniente reprimir la expresión de tristeza. También es descripta como pena, desconsuelo, aflicción, amargura, melancolía, pesadumbre, pesar, quebranto, tribulación, desdicha, nostalgia. La tristeza es un estado afectivo causado por el dolor del alma y se puede expresar con lágrimas y llanto profundo, con abatimiento, desconcierto, frustración y desconsuelo.

En el cuerpo la tristeza se manifiesta con decaimiento, falta de energía y del apetito, pérdida del tono muscular y una postura cabizbaja o jorobada. Su mirada es apagada, es esquiva, elude la mirada de aquellos con los que está hablando y con frecuencia manteniendo sus ojos fijos en la nada. Su rostro refleja la tristeza con una opaca sonrisa presentando muchas veces una mueca que denota su dolor, sus labios y párpados curvándose hacia abajo. Hay abatimiento, sus hombros están caídos, puede haber quejas, lamentos, lagrimeos o silencios. Hay un correlato orgánico de la tristeza, representado por un descenso de serotonina a nivel cerebral.

Escribe el profeta Jeremías, "*Recordar mi sufrimiento (...) es tan amargo que no encuentro palabras. Siempre tengo presente este terrible tiempo mientras me lamento por mi pérdida"* (Lamentaciones 3:19-20).

La tristeza es amarga y puede permanecer en la memoria por largo tiempo. Es importante saber que la aflicción en el tiempo de duelo es un sentimiento normal y auténtico.

Jesús sabe mucho sobre la tristeza y la angustia. Cuando vivía en esta tierra dijo, *"... Aquí en el mundo tendrán muchas pruebas y tristezas; pero anímense, porque yo he vencido al mundo"* (Juan 16:33) También dice, *"... tengan por seguro esto: que estoy con ustedes siempre, hasta el fin de los tiempos"* (Mateo 28:20) Muchas personas de la antigüedad se sintieron aliviadas y consoladas al haber dejado su pesada carga de dolor y confusión en Dios.

La tristeza es amarga y puede permanecer en la memoria por largo tiempo. Es importante saber que la aflicción en el tiempo de duelo es un sentimiento normal y auténtico.

Si bien la tristeza llega con las pérdidas, debemos trabajar para superarla, atravesando una a una todas las etapas del duelo. Para superar la tristeza necesitamos de la poderosa herramienta de la fe; fe en el Consolador. Sí, es el Espíritu Santo de Dios que permanece diariamente con nosotros. Puedes decidir que él obre en tus emociones. Es importante superar el sufrimiento, llegar a la última etapa, tema desarrollado en los capítulos 5 y 6 de este libro. De lo contrario, la tristeza puede llegar a instalarse en el interior de tu ser, y si esto sucede permaneceremos en el sufrimiento, dejando como consecuencia una vida apagada, gris, sin brillo, sin entusiasmo ni alegría, con pocas fuerzas para todo y sin satisfacciones. ¿Realmente quieres eso para tu vida a partir de ahora? Leemos en Proverbios 2:11, *"Las decisiones sabias te protegerán..."*. Todos tomamos decisiones casi todo el tiempo. Este es un buen momento para decidir qué emociones quieres conservar y cuáles superar. Puedes elegir el camino fácil de sentirte una víctima de las circunstancias dolorosas que Dios permitió, esperando el consuelo misericordioso de los demás, o puedes trabajar un poquito cada día para transitar el camino de la superación de esa tristeza producto de tu duelo.

b. **Angustia**

En tiempos de desconsuelo, la lectura de los salmos que David y otros salmistas escribieron expresando sus sentimientos muy sinceros de tristeza y angustia en tiempos de dificultad y dolor, brindan tranquilidad al alma, alivio a la aflicción y paz al corazón.

Salmos 6:3: *"Mi corazón está angustiado; ¿cuánto falta, oh, Señor, para que me restaures?"*

Salmos 18:6: *"Pero en mi angustia, clamé al Señor; sí, oré a mi Dios para pedirle ayuda. Él me oyó desde su santuario; mi clamor llegó a sus oídos"*.

Salmos 18:18: *"Me atacaron en un momento de angustia, pero el Señor me sostuvo"*.

Salmos 25:16: *"Vuélvete a mí y ten misericordia de mí, porque estoy solo y profundamente angustiado"*

Salmos 31:9: *"Ten misericordia de mí, Señor, porque estoy angustiado. Las lágrimas me nublan la vista; mi cuerpo y mi alma se marchitan".*

Salmos 38:8: *"Estoy agotado y totalmente destrozado; mis gemidos salen de un corazón angustiado"*

Salmos 118:5: *"En mi angustia oré al Señor, y el Señor me respondió y me liberó"*

Salmos 143:11: *"Para gloria de tu nombre, oh, Señor, preserva mi vida; por tu fidelidad, sácame de esta angustia".*

Cuando la pérdida es muy significativa, el sentimiento de tristeza se transforma en angustia. La angustia es otra expresión del dolor. La angustia es descrita también como intranquilidad, malestar, pesadumbre, ansiedad, desconsuelo, incertidumbre, pesar, zozobra, aflicción, ansia, congoja, desesperación, preocupación, inquietud, pena o tormento. En medio de la angustia los días se vuelven grises y largos, los problemas se ven más grandes, el sentimiento de soledad aumenta, todo el entorno es sombrío, se debilitan las fuerzas.

La angustia significa constricción, y es una respuesta psicológica a un fuerte dolor del alma. Esta puede ser producida por la mala noticia de la muerte de un ser querido cercano. En este caso la angustia es normal. La angustia puede ser patológica cuando es desmedida y persistente, restringe la autonomía de la persona e impide su desarrollo personal.

Por sobre todas las cosas debemos tener en cuenta que la angustia es un sentimiento auténtico cuando está producido por una situación dolorosa y se puede manifestar de diversos modos, como veremos a continuación.

- La angustia, algunas veces, se manifiesta con una sensación de opresión en la zona del pecho o del abdomen, junto con desasosiego.

- La angustia se puede manifestar con síntomas de ansiedad, como el miedo. Es un estado emocional intenso, desagradable y muchas veces insoportable.

- La angustia se puede manifestar a través de dolor o malestar torácico. Una paciente manifiesta en mi consultorio (escribe Élida) que padece con mucha frecuencia un fuerte malestar en el pecho, que comienza con un dolor en el estómago. La animo a consultar con un médico especialista en gastroenterología quien le receta una medicación, pero como el dolor continúa, le hacen una endoscopia y otros muchos estudios más, pero no encuentran nada. Ella está sana físicamente. La realidad es que está transitando un proceso de duelo por la muerte repentina de su marido hace solo tres meses. La dolorosa verdad es: "¡El duelo duele!". El dolor del alma es un dolor que puede sentirse también en el cuerpo.

- La angustia se puede manifestar a través de mareos, inestabilidad física o desmayos. Después de una corta enfermedad y dos cirugías, un joven de la iglesia falleció, dejando a su amada y joven esposa sola. Ella se encuentra ahora atravesando el proceso de duelo por su viudez. A pesar de que es una fiel creyente en el Señor, consagrada, mujer de oración y comprometida con las actividades de la iglesia a la que pertenece, la inesperada muerte de su esposo la deja sumida en una profunda tristeza que trata de disimular en las reuniones familiares y sociales, pero su angustia se manifiesta a través de continuos mareos y vértigo. A pesar de varios estudios médicos con especialistas ella continua con este tipo de malestar. La angustia se puede manifestar también en el cuerpo.

-La angustia se puede manifestar a través de una sensación de asfixia o de temor a morir, miedo a volverse loco o a perder el control.

Una joven de 19 años, hija única de madre soltera, pierde a su madre después de una enfermedad de casi dos años. Ella dejó sus estudios para cuidar de su mamá. Por esta misma razón dejó de frecuentar a su grupo social. Se dedicó a trabajar y a cuidar de su mamá. Al poco tiempo de fallecer, esta joven entra en un estado intenso de angustia. Expresa que tiene temor a enfermarse y morir. Se siente sin fuerzas. Se abandona a sí misma de tal manera que pierde el trabajo, que era lo único que la mantenía en pie. Su derrumbe psicofísico fue en aumento y sus recaídas fueron cada vez más frecuentes. En este estado llega al consultorio y con la ayuda de la medicación adecuada y apoyo psicoterapéutico pudo superar su situación e ir transitando su proceso de duelo hasta lograr superar su dolor. Cuán importante es saber pedir ayuda cuando se está sin fuerzas para afrontar situaciones difíciles.

Como resumen, vemos que normalmente la angustia se puede manifestar de diversas maneras. No conviene reprimir la angustia ni negar sus manifestaciones. Es mejor hablar, normalizar y superar la angustia.

c. **Lágrimas**

Las lágrimas son otra expresión natural de un tiempo de dolor. Las lágrimas expresan tristeza y angustia. Respetar tu dolor y la forma de expresarlo es muy saludable. No tienes por qué retener tus lágrimas ni a solas ni frente a otros. No es vergonzoso llorar. Llorar es la expresión natural de un dolor. No conviene reprimir la tristeza. Somos humanos. Expresar la tristeza a través de las lágrimas es una expresión de nuestra humanidad, no es debilidad. Si aceptas y respetas tu dolor y tu manera de expresarlo, los demás también lo harán.

- **Llorar es una expresión de tristeza.**

Llorar en tiempos de sufrimiento es normal, no es vergonzoso, hace bien, es sanador, es reparador. El Señor Jesús estando con sus discípulos, frente a la ciudad de Jerusalén sintió tristeza porque vio su futuro de invasión, quebranto y destrucción, y lloró. En otra oportunidad Jesús sintió dolor y lo manifestó cuando su amigo Lázaro murió. No le dio vergüenza expresar su tristeza y llorar en público. La Biblia dice "Jesús lloró". Fue visto por todos los que estaban presentes. Expresó su dolor sin ocultarse. Esto lo hizo no porque era débil, sino porque era humano. Jesucristo es 100% divino y 100% humano. Jesús es Dios que se humanó. Y lo hizo por amor a nosotros, para darnos redención eterna. ¡Es por eso que nos comprende más que nadie cuando lloramos!

Llorar es darse el permiso de experimentar y expresar auténticamente los verdaderos sentimientos que provoca el dolor.

¡Alabado sea el Señor! Ahora todos podemos llorar en su presencia y orar nuestros dolores. Y ahí encontrar consuelo, ¡sí, su divino consuelo!

Los psicólogos también hemos descubierto que hace bien llorar y expresar el dolor. Es natural y muy humano llorar por la muerte de un ser querido. Es más, en muchos casos el poder llorar evita caer en depresión. No es aconsejable tragarse las lágrimas y decirse a sí mismo "yo soy fuerte, ¡no voy a llorar!" Eso es reprimir los sentimientos naturales del alma o el desahogo de estos. Llorar es reparador para el alma. Llorar es darse el permiso de experimentar y expresar auténticamente los verdaderos sentimientos que provoca el dolor.

- **Hay personas que no pueden llorar.**

Bloquean conscientemente sus sentimientos durante el tiempo de duelo. Retienen sus lágrimas pensando que llorar no está bien o no corresponde a fieles cristianos. Probablemente en su niñez aprendieron que llorar es mostrar flaqueza, que no hay que exhibir debilidad mediante ninguna expresión que la revele, que es vergonzoso llorar, que los hombres no lloran, que hay que ser fuertes y no llorar, que llorar es una demostración de falta de fe, o algún otro mandato expresado por un adulto cuando éramos pequeños. Sin embargo, en la Biblia encontramos las siguientes palabras de Jesús: *"Dios bendice a los que lloran, porque serán consolados"* (Mateo 5:4) Qué curioso, ¿no? Por lo tanto, decídete, renuncia y desecha los mandatos del pasado que bloquean la normal expresión de tus sentimientos a través de las lágrimas. Jesús no solo te permite llorar, sino que llama dichosos a los que lloran porque es la manera de recibir consuelo. Dios habla de recibir consuelo cuando se llora. Las lágrimas son como una dicha, un beneficio para el alma, porque recibirán consuelo.

- **Hay personas que no pueden dejar de llorar**.

Esta realidad también la encontramos en la Biblia. El salmista relata en Salmos 6:6-7, *"Estoy agotado de tanto llorar. Toda la noche inundo mi cama con llanto; la empapo con mis lágrimas. El dolor me nubla la vista, tengo los ojos gastados..."*. Esta persona estaba pasando por una verdadera tormenta que le angustiaba el corazón y expresa su dolor a través de las lágrimas. Permitirse llorar es descargar el alma agobiada. Cuando el dolor del alma es muy intenso pareciera que las lágrimas no se agotan nunca.

Yo personalmente (escribe Élida) no sabía que una persona podría llorar tanto, por tanto, tiempo y con tanta intensidad hasta que mi hija Lorena, de 24 años, en veinte días falleció. Pero el Señor no está ajeno a las lágrimas vertidas en tiempos de dolor. Él las conoce, las permite y se queda a nuestro lado, y aún hay algo más: no solo él sabe lo que nos pasa y lo que sentimos, y no lo desvaloriza, sino que lo toma en cuenta y recoge nuestras lágrimas y las deja registradas en su libro. Leemos en Salmos 56:8, *"Tú llevas la cuenta de todas mis angustias y has juntado todas mis lágrimas en tu frasco; has registrado cada una de ellas en tu libro"*.

Dios sabe que llorar el dolor es bueno, natural y saludable, y que reprimir las lágrimas puede hacer más daño que bien. En la Biblia no hay ningún pasaje en donde se mencione que llorar esté mal, o se señale como algo que no debería hacerse.

- **¿Llorar refleja debilidad?**

¿Que llorar refleja debilidad? ¿Y no es acaso verdad que somos débiles en medio del dolor? ¿No se doblegan el cuerpo y el alma cuando debido a un fuerte dolor, lloramos? ¿No nos prefiere así el Señor para manifestar su poder a través nuestro? ¿No se perfecciona él en nosotros en nuestra debilidad? El Señor le dijo al apóstol Pablo: "*... mi poder actúa mejor en la debilidad*" (2 Cor. 12:9) ¿No permite Dios dolores y lágrimas en nuestras vidas, una o muchas veces? ¿No lo hizo con Job, con sus discípulos, con los apóstoles, con los creyentes del primer siglo, y con muchos otros, por razones incomprensibles para nosotros? ¿No lo hizo también con su Hijo Jesucristo para que por sus dolores, lágrimas y llagas seamos nosotros sanados, según Isaías 53? ¿Será que Dios permite nuestras lágrimas aun cuando sus razones sean incomprensibles para nosotros? ¿No llegan las pruebas y aflicciones para probar nuestra fe y demostrar que la fe que tenemos es auténtica, firme, preciosa... y trae mucha alabanza, gloria y honra al Señor, como afirma 1 Pedro 1:5-7? ¿Será que no siempre ni en todos los casos las lágrimas reflejan debilidad?

- **Diferentes motivos que provocan llanto durante el duelo.**

En tiempos de pandemia (escribe Élida) atendí a una mujer joven que lloraba por su esposo quien falleció por COVID-19 a pocos días de su internación. Ella pasa sus días llorando y ha podido identificar el motivo de sus lágrimas en cada circunstancia. Le he preguntado en varias sesiones: "Por qué lloras hoy" y la animé a que escribiera reflexiones sobre el motivo de sus lágrimas en diferentes oportunidades. Es generador de salud identificar estos distintos llantos, que se dan en diferentes momentos, para ayudarnos a entender mejor este doloroso proceso. A continuación, transcribo algunas de estas anotaciones de su historia clínica, ya que con gusto me dio su autorización, consciente de que serían de bendición para muchas personas. Ella aprendió a identificar cuál era el motivo de su llanto en muchos momentos de su proceso de duelo:

- *"Estoy llorando porque me siento muy sola y lo extraño mucho".* Muchas veces se llora por uno mismo, es decir, se llora "por lo que no tengo", por la necesidad de su presencia, de contarle tal o cual cosa que nos parece importante o de preguntarle algo que precisamos saber, o simplemente por la necesidad de su compañía. Lloras por ti, no por ellos; lloras porque lo perdiste, porque no lo tienes a tu lado. Se llora por lo que se perdió y ya no se tiene. Es doloroso, ¡sí!
- *"Ayer lloraba porque mi nieta tenía una fiesta escolar donde tenía una participación y preguntaba si su abuelo volverá algún día"* o *"El otro día lloraba porque mi hija menor terminaba su colegio secundario y su papá no iba a estar para entregarle su diploma".* Lloraba por su nieta y su hija. Se llora por el dolor otros, por ejemplo, porque sufre la ausencia de su abuelo o padre, o por la necesidad de tenerlo en un determinado asunto o momento. Nos duele su dolor y también lloramos.
- *"Con los acontecimientos felices y logros de la familia yo lloro porque él no puede disfrutar junto a nosotros".* Cuando se llora por el muerto se llora por el dolor que nos produce el que no pueda disfrutar de las pequeñas cosas de la vida diaria, y de las alegrías familiares como celebraciones, casamientos,

nacimientos, cumpleaños, etc., lo cual es muy natural, sobre todo durante los primeros tiempos, sin marcar tiempo calendario sino tiempo del corazón. Pasado ese tiempo, se va logrando ver, mirar y sentir (cada persona a su ritmo) estas realidades con mayor fortaleza y desde otro ángulo, y se comprende que la vida de ellos continúa después de la muerte. Están vivos. Y nuestras vidas siguen aquí y tenemos que vivirlas.

- En una de las sesiones expresó: *"Lloro de soledad, lo extraño tanto... Me siento encerrada en penitencia por algo malo que he hecho, y no sé qué es lo que pueda ser. Me siento como castigada sin motivo; me sacaron lo que más necesito. Lloro porque lo necesito y no lo tengo; yo me apoyaba en él para todo".*

- *"Hoy lloro de enojo, estuve enferma muchas veces y él siempre me cuidó. No se enfermaba nunca, y ahora en pocos días se enfermó y murió por culpa de este COVID y no pude cuidarlo". "Hoy lloro de enojo. Dios tuvo veintitrés días para sanarlo, ¡pero no lo hizo! ¿Por qué?".*

- *"Lloro porque nunca pensé que se iba a morir. Pero ahora, mirando hacia atrás, veo que los últimos meses, en el tiempo de cuarentena en que él no iba a trabajar, dedicó mucho tiempo para arreglar algunas cosas de la casa, como las canillas rotas; me colocó la cortina del comedor, cambió el inodoro, que estaba roto desde hacía mucho tiempo, compró muchas lamparitas y colocó todas las que faltaban, y hasta me compró un lavarropas nuevo. Yo no entendía nada y hasta me daba gracia y me reía. Le decía que no se podía quedar quieto. Pero ahora pienso, ¿no será que sabía que se iba a morir? Yo nunca lo pensé".*

Como vemos el llanto está presente casi todos los días y aun en la noche. Parece no agotarse nunca. Al igual que el salmista cuando expresa en Salmos 42:3, *"Día y noche solo me alimento de lágrimas"*.

El poeta Joseph Bayly expresa la necesidad que tuvo de llorar en medio de la tristeza en un hermoso poema:

"Derramo mis lágrimas ante ti, Señor.
Lágrimas, porque no puedo hablar.
Las palabras se pierden entre mi dolor,
penas, quebrantos, heridas y lágrimas.
¡Tú entiendes mi oración sin palabras!
Tú las oyes, Señor,
enjuga mis lágrimas, toda lágrima,
no en el día distante,
sino ahora y aquí".

Recordemos nuevamente Salmos 56:8, que dice: *"Tú llevas la cuenta de todas mis angustias y has juntado todas mis lágrimas en tu frasco; has registrado cada una de ellas en tu libro"*. Todas las angustias y temores los conoce el Señor, todas las lágrimas las recoge el Señor, todas quedan registradas en el libro de Dios.

PARTE 2

SUPERACIÓN DEL DUELO

CAPÍTULO 4: ¿DÓNDE PODEMOS ENCONTRAR CONSUELO?

Cuando una persona está triste, lo más probable es que busque alguna forma de aliviar su dolor, de sentirse mejor, es decir, de encontrar consuelo. El consuelo puede encontrarse en cosas, hechos, sentimientos, ideas, alcohol, golosinas, chocolates, drogas, etcétera.

El diccionario afirma que el consuelo es una sensación de alivio experimentada cuando cesa o remite un dolor.

Consuelo es el alivio, la interrupción o la desaparición de aquello que aflige el ánimo. Se trata de algo que confiere mejoría, haciendo que la angustia o la pena se sientan con menos intensidad o queden de lado.

Todas las veces que necesites consuelo, el Señor estará ahí para sostenerte; aférrate a esta verdad que encontramos en Salmos 71:21(NVI): *"... y volverás a consolarme"*. Esta fue nuestra experiencia, y la leemos en Salmos 94:19 (RVC): *"Cuando me vi abrumado por la angustia, tú me brindaste consuelo ..."*.

1 - EL CONSUELO DE DIOS

Leemos en Salmos 119:50, *"Tu promesa renueva mis fuerzas; me consuela en todas mis dificultades".*

Cree que *"Sin duda, el Señor consolará a Sion (aquí puedes reemplazarlo por tu nombre); consolará todas sus ruinas (aquí puedes escribir lo que causa tu dolor). Convertirá en un Edén su desierto; en huerto del Señor sus tierras secas. En ella encontrarán alegría y regocijo, acción de gracias y música de salmos"* (Isaías 51:3 [NVI]). ¿Lo crees? ¿Te lo apropias frente a las circunstancias de tu vida?

Numerosos textos bíblicos hablan sobre el consuelo que da el Señor en tiempos difíciles, y de la esperanza que encontramos al confiar en sus promesas.

Salmos 119:50 - *"Tu promesa renueva mis fuerzas; me consuela en todas mis dificultades".*

Salmos 147:3 - *"Él sana a los de corazón quebrantado y les venda las heridas".*

Isaías 57:18 - *"Yo he visto lo que hacen, ¡pero aun así, los sanaré y los guiaré! Consolaré a los que se lamentan".*

El verdadero consuelo proviene de Dios, aun cuando él permita nuestro sufrimiento.

Mateo 5:4 - *Dios bendice a los que lloran, porque serán consolados".*

2 Cor. 1:4 - *"... nos consuela en todas nuestras dificultades ...".*

Col. 2:2 - *"Quiero que ellos cobren ánimo...".*

El consuelo de Dios consiste en acompañarnos y decirnos la verdad. Esta verdad la encontramos en la Biblia. Su inexplicable consuelo da una esperanza sobrenatural. El único y verdadero Dios es el Dios de toda consolación, es el lugar donde podemos ir cuando estamos demasiado perturbados, agobiados, llenos de temor. Es ahí donde podemos encontrar descanso y refugio para nuestro agitado corazón. Ese es el lugar para renovar la fe, la esperanza y el amor en medio del dolor.

Leamos juntos algunas de estas promesas:

- Jeremías 31:13 - "... *Los consolaré y cambiaré su aflicción en regocijo*". Esta promesa del Señor se cumple o se cumplirá en el tiempo de Dios, porque él sabe cuándo es mejor para nosotros.

- Salmos 68:5 - *"Padre de los huérfanos, defensor de las viudas. Este es Dios y su morada es santa"*. Dios les provee una paternidad muy especial a quienes han perdido a sus padres y a su compañero en la vida. Él es protector y proveedor. Es importante confiar en esta promesa y vivir bajo esta seguridad con una fe firme en sus promesas, porque Dios es fiel y siempre las cumple. A su tiempo, él las cumple. Vivir seguros en sus promesas nos brinda una fuerza sobrenatural, extraordinaria, inexplicable. Para lo cual hay que vivir tomados de su mano cada día, todos los días.

El consuelo de Dios consiste en acompañarnos y decirnos la verdad.

- Salmos 94:19 - *"Cuando mi mente se llenó de dudas, tu consuelo renovó mi esperanza y mi alegría".*

Cuando estuvimos, como familia, atravesando el valle del sufrimiento y el dolor por la muerte de nuestra hija, necesitábamos escuchar palabras de consuelo, tener un acompañamiento con amor y el apoyo de los demás, pero lo que más necesitábamos como padres junto a mi marido era el consuelo de Dios. Ser conscientes de su presencia fue en esos momentos lo que nos ayudó a vivir el día a día de la dura realidad en donde de pronto nos encontrábamos (lee 2 Corintios 1:3-7).

2 - EL CONSUELO EN EL ENTORNO DE LA IGLESIA

Un concepto que bendice a las personas en tiempo de duelo es reconocer que ni la enfermedad ni la muerte son castigos de Dios a sus hijos. Dios no castiga a sus hijos nunca, pues ya castigó todos sus pecados clavándolos en la cruz sobre su hijo Jesucristo. Isaías 53:5 (NBV) dice: *"¡pero él fue herido y maltratado por los pecados nuestros! ¡Se le castigó para que nosotros tuviéramos paz, lo azotaron y nosotros fuimos sanados por su sufrimiento!"*

Es complicado cuando desde la iglesia se aconseja con los conceptos vertidos por los amigos de Job que fueron reprobados por Dios. ¿Por qué? Porque Dios cargó todos nuestros pecados sobre su Hijo Jesucristo en la cruz del calvario. Jesús fue ahí herido por nuestros pecados. Y Dios nunca cobra dos veces. Dios es esencialmente amor. Él sufre junto a sus hijos y les brinda su misericordia y consuelo, aunque permita el sufrimiento.

Hay algo que no debes hacer. Por tu bien no debes escuchar a los amigos de Job, ni tener en cuenta sus palabras. Ellos están todavía presentes entre nosotros cuando te dicen: "Habrán abierto una puerta... algo habrás hecho..."

Hay falsos conceptos, ideas y afirmaciones de filosofías humanas y religiosas que todavía hoy existen y lastiman a muchas personas en tiempo de duelo, y que están representadas por consejos de los amigos de Job. Ellos se esforzaron por encontrar la causa del sufrimiento de Job. Elifaz dice que el pecado hace enojar a Dios y entonces Dios castiga con sufrimiento (4:7-9). Eliú expresa que a causa del pecado Dios castiga con enojo, y que el sufrimiento de Job es el castigo de Dios por su pecado (32:2). También dice que por medio del sufrimiento Dios rescata a quien peca, pues capta su atención mediante la adversidad (36:15). Afirma que Dios castiga a las personas por su pecado (37:13). También expresa que Dios envía el sufrimiento para que se aparten del pecado (36:21). Estos conceptos son erróneos a la luz de las escrituras. Son pensamientos filosóficos y religiosos que todavía siguen dañando a las personas que sufren. Hoy los encuentras en internet sobre el tema del sufrimiento. Pero la verdad bíblica es que Dios nunca castiga el pecado con la muerte de un ser querido para provocar sufrimiento, como lo expresa Eliú acusando a Job. Y todas estas expresiones, ideas, conceptos y palabras habladas por Eliú, Elifaz y los demás amigos, fueron desaprobadas por Dios, *"...el Señor... le dijo a Elifaz el temanita: 'Estoy enojado contigo y con tus dos amigos, porque no hablaron con exactitud acerca de mí, como lo hizo mi siervo Job'"* (42:7)

En cambio, cuando Dios se refiere a Job, dice: *"A pesar de todo, Job no pecó..."* (1:22) y *"... A pesar de todo, Job no dijo nada incorrecto"* (2:10) *"Había un hombre llamado Job que vivía en la tierra de Uz. Era un hombre intachable, de absoluta integridad, que tenía temor de Dios y se mantenía apartado del mal"* (1:1). El sufrimiento de Job no fue por causa de algún pecado cometido por él o sus hijos, sino todo lo contrario, fue para avergonzar a Satanás y que el nombre del Señor fuera glorificado a causa de la fidelidad de Job a pesar del sufrimiento. El sufrimiento de Job fue permitido por Dios con un propósito cósmico, incomprensible para él y su gente en aquel momento. Al igual que el sufrimiento actual es incomprensible para cualquiera de todos nosotros.

En Gálatas 6:2 el apóstol Pablo aconseja ayudarnos los unos a los otros a llevar las cargas, y así estaremos obedeciendo la ley de Cristo. Este es uno de los grandes beneficios de participar en una iglesia, el cuerpo de Cristo, y estar dispuestos a brindar nuestra ayuda cuando alguien lo necesita, y a pedir ayuda en caso de necesitarla nosotros. Hace bien hablar, compartir y orar unos con otros. Cuando alguien se siente comprendido, escuchado y apoyado se siente más tranquilo, contenido y se alivia su carga. El encuentro con un hermano es generador de salud. Las penas se alivian con alguien que nos entiende. Esto genera respuestas biológicas y emocionales saludables. Uno de los pilares de la fortaleza necesaria para enfrentar las enfermedades y el duelo son los lazos con otros. Por eso es importante el consuelo en el entorno de la iglesia.

3 - EL CONSUELO EN EL ENTORNO FAMILIAR

El dolor por el fallecimiento de un ser querido se vive principalmente dentro del contexto familiar. Es por esta razón que es recomendable desarrollar, tener y mantener un sistema de comunicación abierto y sano entre los miembros de la familia, para poder expresar y compartir sentimientos, temores, miedos, interrogantes y culpas infundadas. También para poder llorar juntos, sostenerse, consolarse, abrazarse y expresar con libertad el amor que se tienen a pesar del dolor. Y además para poder desarrollar flexibilidad en el ejercicio de los roles familiares y para ayudarse entre sí y a cada uno de los miembros a tener una mejor adaptación a la nueva realidad familiar.

4 - EL CONSUELO EN EL ENTORNO DE LOS AMIGOS

Los amigos pueden ser de gran ayuda y sostén sin son sabios para acompañar en el dolor, mostrando amor con sinceridad y respetando las acciones y las manifestaciones de dolor sin criticar ni corregir sus reacciones y expresiones, muchas veces desafortunadas. Es necesario aprender a llorar con los que lloran, (Romanos 12:15). Expresar de diversas maneras el amor, la comprensión y la empatía en el dolor. Aprender a escuchar y a consolar. Hacer una corta visita y orar por los deudos. Ese "aquí estoy" ayuda a sostenerse en el dolor por la pérdida. Brindar ayuda económica a la persona que está sufriendo su viudez. Ofrecer ayudas prácticas. Ir a limpiar la casa cuando se está sin fuerzas por tanto llorar. Regalar algún chocolate, preparar un postre o una fuente con comida y entregarla. Regalando libros adecuados al momento de dolor. De cuántas maneras es posible bendecir a quienes están atravesando un tiempo de sufrimiento por el fallecimiento de un ser querido. De nuestros familiares y amigos somos consolados a través de palabras de consuelo y sostén, y a través de acompañamiento y actos de amor que brindan seguridad y fortaleza. Al acompañarnos, estos se convierten en el vehículo de consuelo que el Espíritu Santo usa.

En una oportunidad una visita oportuna fue de gran ayuda y un consuelo para el apóstol Pablo, *"pero Dios, quien alienta a los desanimados, nos alentó con la llegada de Tito"* (2 Corintios 7:6) ¡Qué bendición son esas visitas oportunas que traen consuelo! ¡Cuánto deseamos que abundaran en nuestras iglesias muchos Titos, que sepan consolar expresando amor sincero y ayudas apropiadas!

5 – ¿CÓMO RECIBIR EL CONSUELO DE DIOS Y EXPERIMENTAR ALIVIO EN EL SUFRIMIENTO?

Según nuestra experiencia en medio del dolor, podemos afirmar que el consuelo del Señor es un bálsamo que se recibe de a poquito, cada día, según vamos avanzando en el doloroso camino del proceso de duelo. Su consuelo es suave, inexplicable, es espiritual, no es racional, es interno, es gradual, constante, privado, singular y particular. Su consuelo da sostén y fortaleza. Su consuelo es real y palpable. Leemos: "*El Dios eterno es tu refugio, y sus brazos eternos te sostienen...*" (Deuteronomio 33:27. "*También pedimos que se fortalezcan con todo el glorioso poder de Dios para que tengan toda la constancia y la paciencia que necesitan...*" (Colosenses 1:11).

Dios tiene la capacidad de ayudarnos a resignificar nuestro dolor.

Dios tiene la capacidad de ayudarnos a resignificar nuestro dolor. Esto nos ayuda a ver la dolorosa realidad desde otra perspectiva. Ver la vida, las cosas y las circunstancias desde el punto de vista de Dios. Vernos a nosotros mismos y lo que nos pasa como lo ve Dios. A los quebrantados de corazón, Dios nos consuela a pesar de que no lo merecemos; todo lo que nos da Dios es por gracia. Nada merecemos. Su infinita gracia y su abundante amor son el aceite que suaviza y sana nuestros sufrimientos.

Encontramos consuelo cuando logramos poner nuestra aflicción y debilidad en sus manos. Recibimos el consuelo divino al dejar de confiar en nosotros mismos y aprendemos a confiar en Dios verdaderamente. Al depositar allí nuestra confianza, él sigue sosteniéndonos en medio del sufrimiento. Leemos: "... *refugio mío en tiempos de aflicción...*" (Jeremías 16:19).

La presencia poderosa del Espíritu Santo ha sido para nosotros un estímulo continuo, de gran ayuda y consuelo. Su presencia es real en nuestras vidas, día a día. El Espíritu Santo está a nuestro lado cada momento, cada día, en toda circunstancia. Siempre está con nosotros para ayudarnos, guiarnos, cuidarnos y consolarnos, fortaleciéndonos y brindándonos seguridad.

6 – ¿QUÉ PASA CUANDO UNA PERSONA NO CUENTA CON ESTE TIPO DE CONSUELO?

Cuando se sufre en soledad, sin contar con el recurso espiritual de una relación con el Espíritu Santo, el único camino posible es adormecer el dolor, y muchas veces esto se logra a través de modos autodestructivos como:

- Abuso de sustancias, drogas o alcohol
- Aturdirse emocionalmente mediante el consumo de estímulos visuales y películas hasta llegar al embotamiento

- En algunas personas, el aislarse de los demás, a causa de su herido corazón, les hace aislarse también de Dios, quien desea consolarlos a través de otros.
- Otros se dedican solo a trabajar. Trabajan sin descanso y no tienen espacio de tiempo para pensar y sentir su realidad.

Estos y otros más son mecanismos para no pensar en lo que se está viviendo ni sentir su dolor. Son mecanismos para olvidar lo que es imposible olvidar. A menudo estas son reacciones a temores desesperados y a heridas profundas del alma, y reflejan además una tendencia natural a protegernos a nosotros mismos de un dolor mayor.

Testimonio:

Estas son las palabras de un padre que pierde en un accidente automovilístico a su esposa y a su hijo menor, quedando él y su hijo mayor atravesados por un gran dolor.

El padre expresa: *"Un vacío gigantesco y un tremendo dolor son mis compañeros día y noche. Lamentablemente la vida continúa, entonces llevo todas las mañanas a mi hijo al colegio y sigo viaje a mi trabajo. Ambos compartimos el mismo silencio. En casa, igual, no hablamos. No tenemos nada que decir. Yo vivo en automático y creo que él también. Cuando voy de compras y luego cocino, la soledad es mi compañera. En el trabajo y con mis amigos pierdo todo interés en las conversaciones. Solo se calma un poco mi dolor cuando tomo alcohol cada noche".*

Qué difícil es sobrellevar el duelo sin la fe y el consuelo de Dios.

Si estás atravesando por algo de lo recientemente mencionado, te animamos a girar tu vida y volver tu mirada a Dios, buscar su consuelo, su rostro, su amor. Déjate encontrar por el amor de Dios. Él está cerca. Tan cerca como la distancia de una oración llena de fe. Él puede ser tu Padre Celestial y la fuente del verdadero consuelo que necesitas en tu vida. *"... Dios es nuestro Padre misericordioso y la fuente de todo consuelo"* (2 Cor. 1:3). El Espíritu de Dios es el consolador, el alentador, consejero, abogado defensor. Todos estos recursos pueden ser también tuyos si aceptas ser su hijo, un hijo de Dios a través de la obra del unigénito del Padre, su Hijo Jesucristo nuestro Salvador y Redentor. Jesús dijo: *"Yo soy el camino, la verdad y la vida; nadie puede ir al Padre si no es por medio de mí"*

CAPÍTULO 5: ACEPTACIÓN Y SUPERACIÓN

1.¿POR QUÉ SE MURIÓ?

La pregunta *"¿por qué se murió?"* surge del dolor del corazón que necesita alivio. Pareciera que la mente requiere una respuesta para mitigar el dolor, necesita de una respuesta racional. La mente pide una razón, necesita entender las causas.

Los amigos de Job hicieron eso: filosofaron por largo rato con sus razonamientos humanos, dando respuestas al porqué de las muertes cercanas a Job.

Buscar explicar qué fue lo que realmente causó la muerte muchas veces lleva a culpar al que sufre o a otros. Y esto no da alivio al dolor.

¿Será que es mejor no buscar en el pasado ni bucear introspectivamente en el interior de las causas, sino, en su lugar, mirar hacia adelante, al futuro, y hacia arriba, hacia el Señor, para poder superar el dolor de la muerte de un familiar?

¿Será que no es tan importante encontrar el por qué o el para qué sino el cómo responder? ¿Cuáles son nuestra actitud y conducta, nuestras decisiones y respuestas, nuestra fe y fidelidad delante del Señor que permitió la muerte? ¿Cómo enfrentamos la

muerte, cómo decidimos seguir adelante con la vida, cómo decidimos seguir la relación con Dios?

Más saludable es aceptar la realidad enfocándonos en la esperanza de la vida eterna para ellos y en la continuidad de la vida aquí en la tierra por un tiempo más para nosotros.

El corazón dolido, perplejo, asombrado, vulnerable, muchas veces desesperado, necesita una respuesta a la ineludible pregunta: **¿por qué Dios permitió que muriera?** Interrogante que sale de un desgarrado corazón y que no encuentra descanso ni respuestas. Algunos se preguntan: ¿qué hemos hecho mal para recibir semejante castigo de Dios?, o ¿qué no hemos hecho?, ¿qué nos faltó hacer?, ¿por qué a nosotros? Orando estas preguntas, de pronto algo ilumina la mente y nos responde: saberlo de todas maneras tampoco cambia la dolorosa realidad que estamos atravesando.

a. **Historias Reales**

Historia 1 – Transcribimos con su permiso lo que escribió una mamá: «Siento tan destrozado mi corazón y pregunto una y otra vez: **¿por qué Señor?, ¿por qué?** Queríamos, necesitábamos, un milagro; mi hijo estaba enfermo y no mejoraba a pensar de todo el tratamiento que le estaban administrando en el hospital, y me pregunté: **¿es sordo Dios?** Porque clamamos día y noche por su salud. Los hermanos de la iglesia también estaban en una cadena de oración. Eran muchos los que oraban por su salud, sin embargo, su cuadro seguía empeorando. Somos cristianos desde hace varios años, pero nuestra fe estaba a punto de naufragar. La pena y la depresión se habían instalado en nuestra familia. Hemos leído en oración muchas veces *"Desde lo profundo de mi desesperación, oh Señor, clamo por tu ayuda. Escucha mi clamor, oh Señor. Presta atención a mi oración"* (Salmos 130:1-2) pero Dios parecía sordo a nuestras súplicas... Más tarde, con el tiempo, después de transitar todo el proceso de duelo, y con la ayuda del Señor, comprendimos que éramos nosotros los que no podíamos escuchar a Dios. Él da la vida, él la quita; él es el dueño de la vida, de toda vida. En medio del dolor muchas veces me pregunté: ¿por qué Dios permitió que esto ocurriera? La respuesta la encontré leyendo los siguientes párrafos de la Biblia.

Proverbios 25:2 - *"Es privilegio de Dios ocultar un asunto..."*.

Eclesiastés 11:5 - *"Así como no puedes entender el rumbo que toma el viento ni el misterio de cómo crece un bebecito en el vientre de su madre, tampoco puedes entender cómo actúa Dios, quien hace todas las cosas"*.

1 Cor. 13:12 - *"Ahora vemos todo de manera imperfecta, como reflejos desconcertantes, pero luego veremos todo con perfecta claridad. Todo lo que ahora conozco es parcial e incompleto, pero luego conoceré todo por completo, tal como Dios ya me conoce a mí completamente"*.

Fue un proceso difícil, pero al fin comprendimos que las fuerzas provienen de Él y que el sufrimiento hizo madurar nuestro carácter de una manera insospechada. Él quiere nuestro crecimiento, para que lleguemos a ser como él. Dice en Efesios 4:13, *"Ese proceso continuará hasta... que seamos maduros en el Señor, es decir, hasta que lleguemos a la plena y completa medida de Cristo"*. A la medida de Cristo, ¡qué difícil es! Aprendimos también que los dolores de la vida y las dificultades llegan de un modo determinado y prefijado por Dios. Otra cosa que aprendimos con el sufrimiento es que se puede sentir gozo en medio del dolor. No me pregunten cómo es, pero nosotros podemos afirmar esta gran verdad que hemos experimentado en nuestras vidas muchas veces durante ese periodo tan oscuro. Porque el gozo es una experiencia interior con el Señor, no depende de las cosas lindas que puedan suceder. Eso puede ser una alegría, pero el gozo, como la paz, es más profundo. Cuando Jesús nos dice en Juan 14:27, *"Les dejo un regalo: paz en la mente y en el corazón. Y la paz que yo doy es un regalo que el mundo no puede dar. Así que no se angustien ni tengan miedo"*. En Santiago 1:2, *"Amados hermanos, cuando tengan que enfrentar cualquier tipo de problemas, considérenlo como un tiempo para alegrarse mucho"*.

Es real, tan real, que solo se lo puede experimentar, no lo podemos explicar. Dice en 1 Tesalonicenses 4:13-18, *"Tampoco queremos, hermanos, que ignoréis acerca de los que duermen, para que no os entristezcáis como los otros que no tienen esperanza. Porque si creemos que Jesús murió y resucitó, así también traerá Dios con Jesús a los que durmieron en él. Por lo cual os decimos esto en palabra del Señor: que nosotros que vivimos, que habremos quedado hasta la venida del Señor, no precederemos a los que durmieron. Porque el Señor mismo con voz de mando, con voz de arcángel, y con trompeta de Dios, descenderá del cielo; y los muertos en Cristo resucitarán primero. Luego nosotros los que vivimos, los que hayamos quedado, seremos arrebatados juntamente con ellos en las nubes para recibir al Señor en el aire, y así estaremos siempre con el Señor. Por tanto, alentaos los unos a los otros con estas palabras".*

La lectura de este pasaje, que en verdad tuvimos que leer muchas veces, fue de gran ayuda en ese tiempo, y lo es aún hoy. Su palabra me da esperanzas y experimento la paz del Señor.

Historia 2 – Transcribimos con permiso las palabras de un joven papá cristiano después de la muerte de su hijo de 10 años a causa de un accidente en el ómnibus en el que viajaban para unas vacaciones en la costa: "*Algunas cuantas veces he tenido el deseo de encontrarme con Dios para hacerle algunas preguntas, deseando que sus respuestas apacigüen mi inquieto corazón. Tengo un dolor tan intenso en mi interior que es como si una oscura sombra nublara mi ser completamente. ¡Me siento tan pobremente gris! Necesito sabiduría de lo alto para comprender; por eso, la sabiduría del soberano Dios daría luz a mi oscuridad y refugio a mi afligido corazón. Necesito su consuelo. Pero ¿podría comprender la sabiduría de Dios? ¿Será que no necesito comprender sino comenzar a aceptar? Me resulta muy difícil. ¿Me ayudará a aceptar saber lo que Dios, en su sabiduría eterna, decidió que era lo mejor? No lo sé, no lo comprendo, pero necesito aceptar... ¡Sí, aceptar! ¿Me ayudas, Señor?*"

Pensando en estos testimonios, decimos que cuando se corta la luz eléctrica en la casa, de pronto no se ve nada y nos sentimos perdidos en la oscuridad. Lo mismo ocurre cuando sobreviene repentinamente una pérdida inesperada de un hijo/cónyuge. Nos encontramos perdidos en la oscuridad del dolor y nos sentimos solos cuando más necesitamos la compañía de alguien. Vivíamos tranquilos, conscientes del amor de Dios y creyendo que es un refugio seguro y que la muerte nunca iba a golpear la puerta de nuestro hogar. Sin embargo, esto que suponíamos como una verdad que no está escrita en la Biblia, nos sorprende cuando de repente se corta la luz y todo es oscuridad y dolor en la familia. Muchos cristianos piensan que, si Dios está atento a nuestras necesidades y mora en nosotros, entonces nada malo nos debería ocurrir. Y esto no es verdad. Los problemas, dificultades, dolores y sufrimientos que vivimos son tormentas de la vida que Dios permite. En su soberanía, él tiene propósitos eternos, incomprensibles y misteriosos para nosotros, con nuestra mente limitada. Es imposible comprender a Dios. *"... Verdaderamente, oh Dios de Israel, Salvador nuestro, tú obras de manera misteriosa"* (Isaías 45:15), y *"El Señor nuestro Dios tiene secretos que nadie conoce ..."* (Deut. 29:29)

Los sentimientos de inquietud y angustiosa incomprensión por la muerte de un hijo, que embarga todo el ser interior de los padres, hace que surjan los **¿por qué?** ¿Por qué te llevaste a mi hijo?, ¿a quién se le puede ocurrir sacar de esta tierra a este pequeño y tan amado hijito de nuestros brazos?, ¿por qué a nosotros?, ¿por qué Dios permitió este accidente?, ¿por qué Dios no lo sanó de esta enfermedad?, ¿por qué no respondió prontamente cuando clamamos a Dios por ayuda? Y decimos *"¿Hasta cuándo debo pedir ayuda, oh Señor? ¡Pero tú no escuchas! (...) clamo, pero tú no vienes a salvar"* (Habacuc 1:2).

¿No dice Salmos 46:1 [RVR1960]: *"¿Dios es nuestro amparo y fortaleza, nuestro pronto auxilio en las tribulaciones"?* Si Dios es amor y es poderoso, entonces ¿por qué? Con un corazón quebrado decimos: ¡no entiendo, Señor!

Si estás en esta etapa del duelo, no te culpes por las preguntas que surgen en tu inquieto corazón; son normales, naturales, lógicas, son parte del proceso. Está bien que en oración abras tu confundido corazón y descargues tus dolores e inquietudes a los pies del Señor. Él es quien te escucha y comprende mejor que nadie, y te sigue amando siempre, porque su amor por nosotros no cambia. Estas son preguntas tan humanas que todos las hacemos cuando pasamos por el valle de sombra de muerte (Salmos 23).

Es fácil no comprender por qué sucedieron así las cosas, y por qué no coinciden con nuestras ilusiones y expectativas. Esperamos que nuestros hijos amen al Señor y le sirvan con fidelidad, que se casen, tengan hijos, cuiden de su familia, tengan proyectos, que progresen en la vida y sean felices, que tengan una larga vida y finalmente, ya ancianos, lleguen a partir para estar siempre con el Señor. Jamás pensamos que estos sueños lícitos y naturales iban a ser truncados. Si vuelcas tu frustración y dolor en las manos del Señor, sin enojo ni rebeldía, con certeza él te comprenderá y te acompañará en este dolor tan grande. Cuando abrimos nuestra alma delante de su santo trono, sabiendo que él está cerca nuestro, y cuando deseamos poner nuestra voluntad alineada a su santa

Es fácil no comprender por qué sucedieron así las cosas, y por qué no coinciden con nuestras ilusiones y expectativas.

y divina voluntad, solo por fe, se abre poderosamente un camino de restauración desconocido por nosotros hasta entonces. Comenzamos a desear ver las cosas como Dios las ve.

Nuestra historia– (escribe Daniel). Cuando Élida y yo teníamos el corazón destrozado por el dolor, ya seco de tanto llorar, y tan perplejo por no comprender, nos sinceramos en oración delante del Señor sin ocultar nada, conscientes de su presencia; de a poquito comenzamos a recordar: *"Mis pensamientos no se parecen en nada a sus pensamientos—dice el Señor—. Y mis caminos están muy por encima de lo que pudieran imaginarse. Pues así como los cielos están más altos que la tierra, así mis caminos están más altos que sus caminos y mis pensamientos, más altos que sus pensamientos"* (Isaías 55:8-9).

El **"¿por qué, Señor...?"** queda sin respuesta aquí, debajo del sol. No tenemos el cuadro completo de los propósitos eternos de nuestro Padre Celestial. Los planes de Dios no siempre son lo que nosotros queremos para nuestras vidas.

Reconocimos en ese momento que nos era imposible entender a Dios. Solo debíamos creer que él estaba al control de todo. Y decidimos seguir siendo fieles a él. Aceptamos que sus pensamientos y sus caminos son tan altos como los cielos y nosotros estamos sobre la tierra. Solo nos corresponde, aunque llorando, quedarnos en silencio y respetar su decisión. Decidimos aceptar su voluntad creyendo por fe, que es buena, aunque no sepamos para qué, que es agradable y perfecta, aunque no entendamos para quién (Romanos 12:2).

Entendiendo esto (escribe Élida), un día pude orar así: *"Señor, eres soberano, ¡tan soberano! Hoy renuncio a preguntarte una y otra vez, ¡¿por qué, Señor? ¡Decido respetar tu voluntad!"*. Ese día sentí que soltaba mi dolor y se lo entregaba a él. Y comencé de a poco a sentirme libre de tanto dolor.

Hay un pasaje que nos ha hecho bien leer y releer durante el proceso de duelo por la muerte de nuestra hija Lorena: *"La gente buena se muere; muchas veces, los justos mueren antes de que llegue su hora. Pero a nadie parece importarle el porqué; tampoco se lo preguntan a sí mismos. Parece que nadie entiende que Dios los está protegiendo del mal que vendrá. Pues los que andan por el camino de la justicia descansarán en paz cuando mueran"* (Isaías 57:1-2).

Otro pasaje que tomamos por fe: *"No tengas miedo, porque yo estoy contigo; no te desalientes, porque yo soy tu Dios. Te daré fuerzas y te ayudaré; te sostendré con mi mano derecha victoriosa"* (Isaías 41:10).

Seguir confiando en el Señor y permanecer en silencio en su presencia fue la mejor respuesta que pudimos dar en medio del dolor. Seguir fieles a él ha sido lo más saludable para nuestras vidas.

b. **Dos ejemplos de fe y fidelidad: Job y José**

La conducta que tuvo Job en medio de su sufrimiento es digna de imitar. Él continuó siendo fiel a Dios a pesar de todo su dolor físico y emocional. De esta manera, por su comportamiento, su fidelidad y su continuo temor a Dios, logró el propósito de Dios. Job nunca supo la causa de la muerte de sus hijos, ni la de todo el sufrimiento sin sentido en su vida. Todo fue sin causa aparente. En el primer capítulo Dios revela que nosotros podemos comprender cuál fue la causa y el motivo de su sufrimiento. Podemos reconocer que fue la fidelidad y el temor a Dios lo que provocó su sufrimiento. El porqué del sufrimiento de Job fue el de dar toda la gloria al Señor y avergonzar a Satanás. Job no era temeroso y fiel a Dios porque recibía sus bendiciones, como dijo Satanás. Todo lo contrario, *"Job era el mejor hombre en toda la tierra, un hombre intachable y de absoluta integridad, temeroso de Dios y apartado del mal"* (1:8), y lo siguió siendo a pesar de que Dios había permitido tantos sufrimientos. Por mantenerse fiel leemos, *"Dios restaura su vida y restituye al doble todo lo que tenía antes"* (42:10). Job era un hombre temeroso de Dios.

El caso de José, hijo de Jacob, también es un ejemplo para imitar. José era un joven temeroso de Dios y siguió siéndolo "a pesar de". Su fidelidad fue constante en las incomprensibles, y aparentemente sin sentido, injusticias y sufrimientos que rodearon su vida por muchos años. Dios se agradó de la fidelidad de José en medio del sufrimiento. Y su reacción y comportamiento alegró el corazón de Dios.

Más importante que el motivo, la causa y el porqué de nuestro sufrimiento, es nuestra reacción y respuesta frente al Señor en medio de lo incomprensible.

Nos consuela y brinda seguridad saber que Dios está presente en y con nosotros cuando atravesamos por el valle de sombras de muerte y sufrimiento. No es malo preguntarnos por qué Dios permite sufrir. Incluso con el corazón cargado de dolor y confusión podemos preguntar: "¿Por qué, Señor?" Pero cuando llegamos al Señor con bronca, rebeldía y enojo contra él, debido al dolor, deberíamos más bien recordar que Dios es soberano, dueño de nuestras vidas. Debemos arrepentirnos porque sabemos que el día del nacimiento y el día de la muerte le pertenecen al Señor. Ninguno de nosotros puede hacer algo para nacer o para morir. Dios Padre permitió que su unigénito Hijo Jesús sufriera un sufrimiento injusto por nosotros para que pudiéramos vivir eternamente junto a él. Jesús conoce nuestro sufrimiento y desea darnos fortaleza en medio del dolor. El Espíritu Santo que mora en nuestras vidas es nuestro Consolador. ¡Gracias, Señor!

2 - LA ESPERANZA QUE SE NECESITA PARA LA ETAPA DE ACEPTACIÓN Y SUPERACIÓN

En el capítulo 2 mencionamos 5 etapas del proceso de duelo. La última fue la adaptación o resignación. Muchos permanecen ahí por el resto de sus vidas. Tienen un ánimo triste en todo lo que hacen o emprenden. Les proponemos dos etapas más: Aceptación - Superación y Restauración - Restitución (capítulo 6). Para estas se necesita un componente espiritual. Es la esperanza que tenemos por la fe en Dios y en sus enseñanzas. Estas dos últimas instancias son de crecimiento a través del sufrimiento.

La fe en Dios es un recurso de esperanza y fortaleza sin igual en el proceso del duelo. Conocer qué dice la Biblia sobre el tema de la muerte y el destino de los muertos nos da esperanza divina. Esta nos brinda consuelo, fe, sostén y fortaleza. Esto no quita que no haya más sufrimiento, tristeza y lágrimas, o que no se necesite el consuelo. Conocemos sobre la muerte desde la perspectiva de Dios. La muerte nunca es un castigo de Dios, tampoco es un fracaso de la persona amada. Al contrario, *"Estimada es a los ojos de Jehová La muerte de sus santos"* (Salmos 116:15 RVR1960). Al Señor le conmueve profundamente la muerte de sus hijos.

Esta esperanza nos da una actitud de fortaleza y resiliencia que se necesitan en la etapa de aceptación para llegar a la superación del duelo.

La fe en Dios es un recurso de esperanza y fortaleza sin igual en el proceso del duelo.

A esta altura del proceso de duelo la clave es aceptar. Aceptar no significa olvidar o que ya no nos duela más la muerte. Aceptar no es aprobar, en el sentido de calificar como bueno y positivo el suceso que ha provocado la muerte y el sufrimiento. Tampoco significa una resignación resentida ante aquello que no hay más remedio que tolerar, diciendo: "Y bueno, la cosa es así, es lo que hay. Qué podemos hacer."

Aceptar es respetar la decisión de Dios. Cada vida está en sus manos, él decide el día del nacimiento y el día de la muerte de cada ser humano. Dios lo permite y no siempre lo entendemos. Es difícil o imposible entender a Dios, pero podemos decidir respetar sus decisiones.

Aceptar es poder vivir alineados a esa voluntad soberana. No es fácil, pero es posible porque *"Todo lo puedo en Cristo que me fortalece"* (Fil. 4:13 RVR1960). Sí, todo lo podemos con su ayuda, en sus fuerzas y con su fortaleza.

Aceptar es integrar esta realidad como parte de la vida. Aceptar es resignificar, dar sentido.

Aceptar significa recibir, admitir lo que se está viviendo voluntariamente. Aceptar implica renunciar a ilusiones y proyectos que ya no podrán cumplirse.

Aceptar la muerte de un ser amado es difícil porque todos nacemos para vivir. Dios nos ha creado para la vida.

Aceptar da alivio al dolor y sosiego al alma, calma el corazón, los pensamientos, los sentimientos, a todo el ser interior.

La aceptación es un proceso que se vive con la ayuda de Dios.

Aceptar la voluntad de Dios es una capacidad espiritual, incomprensible a la mente natural humana. Imposible con el razonamiento lógico.

Aceptando la voluntad de Dios es como se recibe una paz espiritual difícil de explicar con palabras; es una experiencia espiritual de libertad interior. Aceptando la voluntad de Dios es como se es libre. Libre de todo lo que vino a nosotros después de enterrar a nuestro ser querido.

Todo esto surge de dos verdades fundamentales: La aceptación es un proceso que se vive con la ayuda de Dios.

Esta etapa es muy importante:

- Es importante y saludable llegar a esta etapa del proceso para que el sufrimiento no sea en vano sino una experiencia de vida y de crecimiento espiritual y emocional.

- Es importante llegar a esta etapa y seguir adelante con la vida porque nuestra vida es de Dios y vale la pena ser vivida. Se llega a esta etapa con la ayuda de Dios a través del suave bálsamo de la consolación del Espíritu Santo.

- Es importante llegar a esta etapa y vivir un tiempo de crecimiento consigo mismo, continuar relacionándose con familiares y amigos, y seguir creyendo, creciendo y confiando en Dios a pesar del sufrimiento.

- Es importante llegar a esta etapa y permanecer fieles, fuertes y valientes a pesar de cargar con nuestro dolor. Su gracia restaura nuestras vidas, nos sostiene, fortalece y nos afirma en él. *"Estén alerta. Permanezcan firmes en la fe. Sean valientes. Sean fuertes".* (1 Corintios 16:13). Y en 1 Pedro 5:10 dice: *"En su bondad, Dios los llamó a ustedes a que participen de su gloria eterna por medio de Cristo Jesús. Entonces, después de que hayan sufrido un poco de tiempo, él los restaurará, los sostendrá, los fortalecerá y los afirmará sobre un fundamento sólido".*

Esta etapa es un tiempo de decisiones. Es conveniente decidir vivirla tomados de la mano de nuestro Señor, buscando su guía en total dependencia para no cometer errores.

Es el último tiempo del proceso de duelo y abre paso a un nuevo tiempo y nuevos caminos para transitar. La persona ya está más fortalecida, vive sus días con mayor energía física y puede encontrar oportunidades y nuevos proyectos para desarrollar, metas para alcanzar y actividades significativas que influyan positivamente en la vida y el desarrollo de la persona.

En esta etapa hay una mayor capacidad de afrontamiento, mayor resiliencia, la energía psíquica está recuperada, las fallas cognitivas superadas y la persona tiene una mayor iniciativa para involucrarse en actividades sociales, buscando nuevas relaciones.

Ha llegado el tiempo de la superación del duelo, de la significación, de encontrar sentido y de dar cauce a su dolor, de integrar e incorporar a la vida la realidad que le ha tocado vivir. Se pasa del dolor a la calma de la aceptación. Aunque no se lo olvida, ya no hay desesperanza, ni se tiene ya la esperanza de volver a ver a nuestro ser querido aquí, en este mundo. Aguardamos tomados de la mano de Dios la esperanza viva de volver a reencontrarnos en el cielo en poco tiempo más.

3 - ¿CÓMO SE RECONOCE LA SUPERACIÓN DEL DUELO?

La superación del duelo se manifiesta cuando se logra aprender a abrir nuevos horizontes, nuevas relaciones y nuevos intereses. Cuando se tiene la capacidad de recordar al ser querido que ha muerto sin caer en el desconsuelo de etapas anteriores. Cuando se pueden aceptar los desafíos de la vida. Cuando a la pérdida se le da un significado de crecimiento, maduración y fortaleza. Al fin, después de mucho tiempo, logramos aceptar que las pérdidas pueden redundar en un crecimiento espiritual.

Hace unos años, llegó a mi consultorio (escribe Élida) una mujer joven que quedó viuda repentinamente, quedando sola con sus dos hijos adolescentes. Ella entró en un cuadro depresivo del cual pudo salir con tratamiento psiquiátrico y apoyo psicoterapéutico. Respetando sus tiempos va recorriendo las etapas de su duelo. Aunque con dificultades y retrocesos llega a aceptar la dura realidad, va comprendiendo su nueva vida y comienza a tomar decisiones. Logra ingresar en un grupo para aprender pintura sobre tela. Ahí se relaciona con dos señoras, viudas también, y la invitan a salidas y paseos grupales para mujeres de una iglesia cristiana. Viaja, pasea, se distrae. A través de ellas cree en Jesucristo, conoce personalmente al Señor, lo acepta en su corazón y lo reconoce como su Señor y Salvador personal. Comienza un proceso espiritual que la ayuda a aceptar su realidad. Y al cabo de un tiempo decide inscribirse en la facultad de ciencias sociales. Esta carrera le abre camino a un puesto laboral que le da muchas satisfacciones. Hoy en día, ella está integrada en la iglesia junto con sus dos hijos que ya están grandes, y uno de ellos a punto de formalizar su matrimonio. Esta señora pudo atravesar todas las etapas del proceso de duelo normal y superarlo.

Les compartimos nuestra experiencia. En nuestro caso (escribe Daniel), en la etapa de superación del duelo, siendo Élida Lic. en Psicología Clínica y yo Médico Psiquiatra, comenzamos una nueva carrera universitaria, Élida en Psicogerontología y yo en Geriatría. Concurrimos juntos a la misma universidad. Fue un tiempo diferente y especial. Comenzamos un nuevo proyecto laboral. Iniciamos un hogar para ancianos llamado "El Nuevo Hogar". Ahí invertimos mucho de nuestro tiempo, de nuestra entrega personal. Pudimos compartir con los ancianos y sus familiares el amor de Dios, muchos aceptaron a Cristo como Salvador. Con algunos volvimos a experimentar que morir confiando en Dios es reposo y paz.

Aceptar la realidad de lo que la vida depara ayuda a seguir adelante y a no quedarse sentados en el pozo de la desesperación y la desesperanza que arrastran a la depresión. Se puede seguir adelante porque tenemos la libertad de elegir la dirección que tomará el camino de la vida. Todos pueden seguir adelante a pesar de las pérdidas, aunque no todo tiene una explicación aquí en la tierra, o un sentido o propósito que podamos entender.

La superación comienza cuando vamos aceptando lo que no comprendemos, respetando las decisiones de Su voluntad.

Para que los sembrados del campo den su fruto, Dios envía días soleados y días grises de intensa lluvia, incluso días de fuertes tormentas. El campesino reconoce que todos estos tiempos son útiles, necesarios y buenos para el crecimiento de las plantas y para que den su fruto. *"Dios envía el sol sobre buenos y malos; Dios envía la lluvia sobre justos e injustos por igual"* (Mateo 5:45). Después de muchos diálogos con el Señor, entendimos que Dios envía el sol, la lluvia y las tormentas, las tragedias de la vida. Así, los días soleados de tiempos felices, temporadas tranquilas, de progreso y de éxitos son gracias a Dios. Los días grises de intensas lluvias, cuando llegan enfermedades o problemas difíciles de resolver, todos ellos son enviados por Dios para fortalecernos y lograr ser más resilientes. Y los días de tormenta son aquellos en donde la muerte golpea la puerta del hogar, y mueren niños y jóvenes. También lo son aquellos donde Dios permite que madres o padres mueran dejando a sus hijos huérfanos. Estos son días difíciles, tragedias incomprensibles para nosotros, son días de fuertes tormentas huracanadas que dejan destrucción y dolor. Dios nos ama en todos estos diferentes días y siempre está a nuestro lado. Nos acompaña gozándose con nosotros, y en otros momentos, sosteniéndonos con sus brazos, llorando junto a nosotros, comprendiendo nuestro dolor. Lo sintamos o no, él nos acompaña al atravesar ese tramo del camino de la vida, *"Cuando pases por aguas profundas, yo estaré contigo. Cuando pases por ríos de dificultad, no te ahogarás. Cuando pases por el fuego de la opresión, no te quemarás; las llamas no te consumirán"* (Isaías 43:2). Dios no nos dice que no vamos a pasar por aguas profundas; nos dice que él estará con nosotros cuando nos toque atravesarlas.

Dios está ahí, aunque no lo veas ni lo sientas. Por eso, expresarle nuestra confianza nos hace bien, nos da fuerzas para seguir adelante y nos ayuda a superar el duelo. Dios nos escucha, nos ama; tenemos refugio seguro en él y el recurso inigualable de la oración.

Si sientes a Dios lejano por haber vivido una pérdida, ese sentir es producto de tu tristeza, pero él está cerca. *"El Señor está cerca de los que tienen quebrantado el corazón; él rescata a los de espíritu destrozado"* (Salmos 34:18) ¿Por qué no buscarlo hoy? En Dios recibimos refugio seguro, paz y consuelo.

Para llegar a la superación del duelo se necesita:

3. Mirar hacia el pasado y recordar todas las veces que el Señor estuvo a tu lado, te protegió, respondió a tus pedidos, cubrió tus necesidades, has sentido su amor y recibido sus bendiciones. Esto fortalece tu fe.

4. Mirar hacia el futuro con la esperanza puesta en la resurrección. Esto también fortalece la fe. Debes cuidar tu fe en el único y verdadero Dios, para que esta no decaiga o claudique. Las dudas asaltan, los miedos acosan. Es ahí mismo donde la fe se levanta con fuerza como un poderoso gigante que te mantiene firme y en pie y con los ojos puestos en Jesús que tanto te ama. "El Señor es un refugio (...) un lugar seguro en tiempos difíciles, los que conocen tu nombre confían en ti, porque tú, oh Señor, no abandonas a los que te buscan" (Salmos 9:9-10).

5. En paz con el Señor, despídete de aquel a quien amas y que ya partió para estar con el Señor. Dile adiós las veces que lo necesites, aun con lágrimas y dolor en tu corazón, orando a tu padre Celestial quien es quien más se duele contigo. "... él sintió compasión por la angustia de ellos y escuchó sus clamores" (Salmos 106:44). Camina con fe en el Señor Jesucristo, con la compañía del Espíritu Santo que reconforta, consuela, fortalece y sostiene. No te ancles en el pasado; es la mejor recomendación que puedas leer. La vida sigue, tu vida sigue. Los tuyos te necesitan. Dios también.

6. Estas vivo, disfruta la vida que Dios te sigue dando.

Finalizamos este capítulo compartiendo contigo nuestra oración: *"Amado Padre Celestial, alabamos tu nombre y te adoramos. Te reconocemos como el Señor y dueño de todas las cosas y de nuestras vidas. Declaramos que eres nuestra máxima autoridad. Gracias por la redención eterna de nuestras almas. ¡Señor, con mucho dolor en nuestros corazones confesamos que respetamos tu decisión de llevarte a tu presencia de la manera más inesperada a nuestra hija Lorena con solo 24 años, y asumimos la realidad que estamos viviendo! Seguimos creyendo y confiando en ti. Y según 2 Tes. 1:11 oramos pidiéndote nos ayudes a vivir una vida digna de tu llamado. Que nos concedas el poder llevar a cabo todas las cosas buenas que la fe nos mueve a realizar. Estamos seguros de que así el nombre de nuestro Señor Jesucristo será honrado por medio de nuestras vidas. Sabemos que todo esto es posible por la gracia de nuestro Dios y Señor Jesucristo. Amén".*

CAPÍTULO 6: EL PODER DE LA FE

1 – LA FE QUE SE NECESITA PARA SUPERAR EL SUFRIMIENTO

Podemos depositar nuestra esperanza en situaciones y personas, pero la fe solo podemos ponerla en Dios. El que no cree en Dios no puede decir que tiene fe, y tampoco puede afirmar que tiene una esperanza que lo sostendrá en una determinada situación. Los cristianos gozamos de tener esperanza y fe.

La fe genera una paz difícil de describir. Es la paz que tenemos con el Creador del universo, el dador de nuestra vida y de nuestra salvación. La fe también nos posiciona en un lugar privilegiado donde podemos invocar a Dios, porque él siempre está presente.

Romanos 15:13 - *"Le pido a Dios, fuente de esperanza, que los llene completamente de alegría y paz, porque confían en él. Entonces rebosarán de una esperanza segura mediante el poder del Espíritu Santo".*

Aun la esperanza la podemos pedir a Dios, fuente de esperanza. Esto genera paz, confianza y seguridad.

La fe es la completa seguridad de que obtendremos algo que ni siquiera podemos ver. Los hijos de Dios esperamos con confianza y paz porque sabemos en quién hemos creído. Por supuesto, nuestra fe está puesta en Dios y mientras más nos acercamos a él, más crecemos en la fe.

Hebreos 11:1 - *"La fe demuestra la realidad de lo que esperamos; es la evidencia de las cosas que no podemos ver".*

La fe no se origina dentro de nosotros. *"Así que la fe viene por oír, es decir, por oír la Buena Noticia acerca de Cristo"* (Romanos 10:17). No nacemos con la habilidad natural de creer sin ver. Si tratamos de conseguir fe por nuestra propia fuerza de voluntad, podemos llegar a desanimarnos. No somos la fuente de la fe. La fe proviene de Dios. *"... Esta fe les fue concedida debido a la justicia e imparcialidad de Jesucristo, nuestro Dios y Salvador"* (2 Pedro 1:1). Dios nos da la fe y es la fuente de esperanza.

Gálatas 2:20 (RVR1960): *"Con Cristo estoy juntamente crucificado, y ya no vivo yo, mas vive Cristo en mí; y lo que ahora vivo en la carne, lo vivo en la fe del Hijo de Dios, el cual me amó y se entregó a sí mismo por mí".* La fe que goza el creyente es la fe que proviene de Jesús, por eso podemos pedir ¡Señor, auméntanos la fe!

2 - LA FE EN LAS VERDADES BÍBLICAS

Sabemos que nuestros seres queridos que partieron siguen vivos; no desaparecen, están vivos. Tienen un cuerpo celestial, no son espíritus sin cuerpo. Todos nosotros, al igual que ellos, también tendremos un cuerpo y viviremos en el hogar celestial con el Señor por toda la eternidad (Lee 2 Cor. 5:1-10).

a. **Fe en la esperanza del cielo**

1 Pedro 1:3-4 - *"Que toda la alabanza sea para Dios, el Padre de nuestro Señor Jesucristo. Es por su gran misericordia que hemos nacido de nuevo, porque Dios levantó a Jesucristo de los muertos. Ahora vivimos con gran expectación y tenemos una herencia que no tiene precio, una herencia que está reservada en el cielo para ustedes, pura y sin mancha, que no puede cambiar ni deteriorarse".*

Deut. 4:39 - *"Entonces recuerda lo siguiente y tenlo siempre presente: el Señor es Dios en los cielos y en la tierra, y no hay otro".*

La esperanza que tenemos como hijos de Dios es que hay un cielo. Nuestros muertos están allá, y nosotros también viviremos en el cielo. Esta es nuestra esperanza en Dios como sus hijos. Jesús dijo: *"No dejen que el corazón se les llene de angustia; confíen en Dios y confíen también en mí. En el hogar de mi Padre, hay lugar más que suficiente. Si no fuera así, ¿acaso les habría dicho que voy a prepararles un lugar? Cuando todo esté listo, volveré para llevarlos, para que siempre estén conmigo donde yo estoy"* (Juan 14:1-3). Jesús fue a preparar un lugar para nosotros.

Recuerdo (escribe Élida) que en mi primera etapa del proceso de duelo recibimos una tarjeta que decía: *"No perdiste una hija, la depositaste en el cielo. Pronto estarás con ella otra vez".* Recuerda que ellos no están desaparecidos, están muertos para esta vida, pero están vivos allá en el cielo y pronto vamos a celebrar el reencuentro. Pero mientras tanto debemos seguir aquí, en esta vida, hasta que llegue nuestra hora. A su tiempo, estaremos juntos otra vez.

¿Te preguntas cómo es el cielo? Es el lugar que compartiremos con nuestro Salvador: *"... Él les secará toda lágrima de los ojos, y no habrá más muerte, ni tristeza, ni llanto, ni dolor... La ciudad no tiene necesidad de sol ni de luna, porque la gloria de Dios ilumina la ciudad, y el Cordero (Jesús) es su luz... Solo podrán entrar los que tengan su nombre escrito en el libro de la vida del Cordero... El ángel me mostró un río con el agua de la vida, era transparente como el cristal y fluía del trono de Dios y del Cordero... Ahí no existirá la noche, no habrá necesidad de la luz de lámparas ni del sol, porque el Señor Dios brillará sobre ellos... todo lo que has visto y oído es verdadero y digno de confianza..."* (Apocalipsis 21;22).

b. **Fe en la esperanza de la resurrección**

La Biblia dice, *"...Pero los que mueren en el Señor vivirán; ¡sus cuerpos se levantarán otra vez! Los que duermen en la tierra se levantarán y cantarán de alegría. Pues tu luz que da vida desciende como el rocío sobre tu pueblo, en el lugar de los muertos"* (Isaías 26:19).

Job tenía esa esperanza: *"Yo sé que mi Redentor vive, y al fin se levantará sobre el polvo; y después de deshecha esta mi piel, en mi carne he de ver a Dios"* (Job 19:25-26).

Leemos en 1 Corintios 15:42-44, *"Lo mismo sucede con la resurrección de los muertos. Cuando morimos, nuestros cuerpos terrenales son plantados en la tierra, pero serán resucitados para que vivan por siempre. Nuestros cuerpos son enterrados en deshonra, pero serán resucitados en gloria. Son enterrados en debilidad, pero serán resucitados en fuerza. Son enterrados como cuerpos humanos naturales, pero serán resucitados como cuerpos espirituales. Pues, así como hay cuerpos naturales, también hay cuerpos espirituales".*

Y en 1 Corintios 15:43, *"Nuestros cuerpos son enterrados en deshonra, pero serán resucitados en gloria. Son enterrados en debilidad, pero serán resucitados en fuerza".*

Estas palabras nos dan consuelo y esperanza. 1 Tesalonicenses 4:13-18 nos habla claramente sobre la resurrección; es la promesa de que aquellos que han muerto en Cristo serán resucitados y tendrán vida eterna.

Su propia resurrección es la prueba definitiva de que la resurrección es posible.

La resurrección es una de las creencias fundamentales de la fe cristiana, y es un tema central en la Biblia ya que implica la victoria de Cristo sobre la muerte y el pecado. Su propia resurrección es la prueba definitiva de que la resurrección es posible. En algún momento nos encontraremos con nuestros seres queridos. Esta es la esperanza que nos sostiene.

c. **Fe en la esperanza de un cuerpo celestial**

En 2 Cor. 5:1-10 dice: *"...Cuando nos morimos, Dios nos da un cuerpo celestial, no seremos espíritus sin cuerpo... estaremos en el hogar celestial con el Señor".*

Nuestros seres queridos que murieron y ya no están con nosotros aquí en la tierra, siguen vivos, en el cielo; tienen un hogar celestial, están con el Señor y viven con sus cuerpos, pero transformados en un cuerpo celestial, no son espíritus sin cuerpo. ¡Qué esperanza sin igual! ¡Gloria al Señor!

Hoy en día, muchos cristianos luchan contra enfermedades y dolencias, pero la promesa es: *"Él tomará nuestro débil cuerpo mortal y lo transformará en un cuerpo glorioso, igual al de él. Lo hará valiéndose del mismo poder con el que pondrá todas las cosas bajo su dominio"* (Filipenses 3:21). Tenemos esperanza en un futuro en el que nuestros cuerpos serán sanados y restaurados a la perfección. El versículo también nos dice que nuestros cuerpos serán transformados a imagen del cuerpo de Cristo. Esto significa que nuestros cuerpos gloriosos tendrán similitudes con el cuerpo de Cristo después de su resurrección. Serán perfectos, santos y llenos de vida. Seremos como él, y viviremos para siempre en su presencia.

d. **Fe en la esperanza de la vida eterna**

El mejor consuelo es la esperanza de la vida eterna de Dios que llena de paz el dolido corazón. Nos vamos a reencontrar nuevamente con nuestros fallecidos y vamos a compartir con ellos toda la eternidad con la alegría de vivir junto a Jesús. Hay un cielo y viviremos allá. Sí, hay un después de la muerte. Sí, la vida sigue, porque tenemos eternidad en el ser. Eclesiastés 3:11 dice, *"... he puesto eternidad en el corazón de ellos..."*. Seguiremos vivos, aunque nuestro cuerpo quede sepultado en la tierra, esperando la resurrección de los cuerpos que serán transformados, pero el ser interior, el corazón, el alma, la mente, el espíritu humano, viaja a las moradas eternas. Sí, hay un cielo donde vive y reina Dios. Jesús dijo que fue a preparar moradas eternas para todo aquel que cree en él, porque así, solo por fe, se obtiene la vida eterna; es por fe. Él dijo muy claramente que *es el camino, la verdad y la vida, y que todo aquel que en él cree tiene vida eterna.* Deposita toda tu fe en Jesucristo, quien vino a la tierra para darnos vida eterna en el cielo. 1 Juan 1:7-9 (RVR1960) dice: *"... la sangre de Jesucristo su Hijo nos limpia de todo pecado (...) Si confesamos nuestros pecados, él es fiel y justo para perdonar nuestros pecados y limpiarnos de toda maldad".* Limpia tu vida con la sangre que Cristo Jesús derramó por amor a cada uno de nosotros en la cruz, para darnos vida eterna en el cielo. Ora y pide que escriba tu nombre en el libro de la vida que está en el cielo.

Este es nuestro consuelo: *"Pues Dios amó tanto al mundo que dio a su único Hijo, para que todo el que crea en él no se pierda, sino que tenga vida eterna"* (Juan 3:16). La vida dura para siempre porque él quiere que vivamos siempre con él; ese fue el objetivo del sacrificio de Jesús en la cruz del calvario. Fue su obra de redención para limpiarnos de nuestros pecados y para justificarnos delante de Dios el Padre, quien a través de la sangre derramada por Jesús nos ve juntos como si nunca hubiésemos pecado. ¡Qué gran obra realizó Jesucristo con su muerte, nos dio libre entrada al Cielo!

- Juan 10:28-29 - *"Les doy vida eterna, y nunca perecerán. Nadie puede quitármelas, porque mi Padre me las ha dado, y él es más poderoso que todos. Nadie puede quitarlas de la mano del*

Padre". Por estas palabras sabemos que la seguridad de la vida eterna depende del poder de Dios Padre.

- Romanos 6:23 - *"... el regalo que Dios da es la vida eterna por medio de Cristo Jesús nuestro Señor"*. Por estas palabras sabemos que la vida eterna no puede pagarse, es un regalo dado por Dios.

- Juan 11:25 - *"Jesús le dijo: —Yo soy la resurrección y la vida. El que cree en mí vivirá aun después de haber muerto"*. Por estas palabras de Jesús sabemos que todos los que creen en Cristo van a resucitar después de muertos para vivir siempre con él.

- Juan 6:40 - *"Pues la voluntad de mi Padre es que todos los que vean a su Hijo y crean en él tengan vida eterna; y yo los resucitaré en el día final"*. Por estas palabras sabemos que nuestro familiar fallecido tiene vida eterna en el cielo y que resucitará, pues esta es la voluntad de Dios.

- Juan 5:25 - *"Y les aseguro que se acerca el tiempo —de hecho, ya ha llegado— cuando los muertos oirán mi voz, la voz del Hijo de Dios, y los que escuchen, vivirán"*. Por estas palabras de Jesús sabemos que nuestros muertos oyeron la voz del Señor y respondieron a su llamado.

- Mateo 22:32 - *"... Por lo tanto, él es Dios de los que están vivos, no de los muertos"*, por esto sabemos que nuestros muertos están vivos. ¡Aleluya!

- 1 Juan 5.11-13 - *"Y este es el testimonio que Dios ha dado: él nos dio vida eterna, y esa vida está en su Hijo. El que tiene al Hijo tiene la vida; el que no tiene al Hijo de Dios no tiene la vida. Les he escrito estas cosas a ustedes, que creen en el nombre del Hijo de Dios, para que sepan que tienen vida eterna"*.

Hay vida después de esta vida, habrá una resurrección y viviremos por toda la eternidad con nuestros cuerpos transformados. Te animamos a creer estas palabras, acéptalas en tu corazón. Vive, piensa y siente estas verdades divinas y tu vida se llenará de fe y esperanza, y podrás recibir el consuelo del Espíritu Santo.

Vive tu vida ahora, a pesar del sufrimiento, porque también ella tendrá un final. Vive tu vida y cumple con el propósito que Dios te asignó. Cumple el sueño de Dios para tu vida. Realiza lo que Dios te dio para hacer. Dios nos dice en Efesios 2:10 *"... Él nos creó de nuevo en Cristo Jesús a fin de que hagamos las cosas buenas que preparó para nosotros tiempo atrás"*. O sea, debemos vivir para cumplir con nuestra tarea asignada por Dios. Vive para Él.

Pablo escribió, *"Si vivimos, es para honrar al Señor, y si morimos, es para honrar al Señor. Entonces, tanto si vivimos como si morimos, pertenecemos al Señor"* (Romanos 14:8). La muerte es parte de la vida, y a su tiempo llegará. Es conveniente ver la muerte como un paso a otra vida, como otro nacimiento, el nacimiento a la eternidad, a la nueva etapa de la vida, a una etapa sin fin. Aunque incomprensible para nuestra mente, es una verdad de Dios para todas las personas que creen en Jesucristo como el mesías, el redentor. Decide ver la realidad desde arriba, desde el cielo, no desde aquí abajo, desde la tierra.

Tenemos vida eterna gracias a él, y volveremos a vivir con nuestros seres queridos que ya han pasado por la experiencia de la muerte aquí, en la tierra, y están vivos allá en el cielo por toda la eternidad.

3 - HISTORIAS DE FE Y ESPERANZA

Historia 1 – Liliana Gebel, esposa del pastor Dante Gebel, escribe en su libro *"El sueño de toda mujer"* en referencia al fallecimiento de su padre poco antes de su boda: "Supongo que nos cuesta comprender que el Señor decida llevarse a un ser amado, por la sencilla razón de que tampoco comprendemos el significado de la eternidad. Nuestro concepto de infinito es demasiado limitado como para darnos cuenta de que cincuenta, sesenta o noventa años son apenas un pestañeo. Alguien definió a la muerte como un nacimiento. La criatura está confortable, sin prisa ni preocupaciones. Pero un día debe abandonar el útero y entonces se produce la crisis. Los que esperamos afuera nos preguntamos por qué se tarda tanto y quisiéramos hacerle comprender que estará a salvo con nosotros. Que los brazos fuertes y calientes de su madre son algo mucho mejor que nadar en la oscuridad. Afortunadamente, tardará pocos minutos en darse cuenta. Es lo mismo que habrá demorado mi padre en cruzar el umbral de la eternidad... Nadie está realmente preparado para afrontar la muerte de quien ama, ni siquiera el más espiritual. El comprender el concepto de lo eterno es una ayuda, pero tú eres quien luego tiene que lidiar con la soledad. No importa cuán concurrido sea el sepelio, ni las palabras que el ministro pueda decir durante la ceremonia. Hay un dolor que no puede ser compartido, y mucho menos comprendido, por los que van a tomar una taza de café y a comentar lo buena que era esa persona fallecida. Sé lo que se siente al ver una silla vacía, un plato que nadie usará, un muñeco que nadie volverá a hacer vivir de manera mágica. El silencio ensordecedor en la casa y los sonidos comunes que ya no volverás a oír. En otras palabras, estoy segura de que mi padre, al igual que tu ser amado, viven una enorme fiesta en los cielos. Fuimos nosotros los que no recibimos la invitación. Conozco personas que ha estado fuera de su cuerpo por un par de minutos, y por nada del mundo querían regresar. No importa si tenían niños pequeños o un cónyuge al que amaban con el alma. Lo que sentían era incomparable con cualquier cosa terrenal. No se parece a esas películas americanas donde alguien llega al cielo por un error de papeleo y pide regresar unos años más. Nadie que conozca aquel hogar quiere volver atrás. Nadie que prueba el aplauso de los ángeles quiere regresar a ensayar. Nadie que haya abrazado al Señor querrá volver a nadar en la oscuridad. El tan solo pensarlo me ha confortado estos años de ausencia".

Nosotros también creemos que el momento de la muerte puede compararse con el momento del nacimiento. El nacimiento es el pasar de un lugar oscuro, el vientre materno, a la luz de la vida en la tierra. El bebé físicamente es impulsado a salir a la vida. La muerte es el pasar de la vida en la tierra, vida de muchos sinsabores, dolores, luchas y dificultades, a la vida espiritual en las moradas eternas en el cielo.

Así como por un nacimiento todos nos alegramos aquí en la tierra, con la muerte el cielo se alegra por la llegada de uno más a las moradas eternas.

Historia 2 – Transitando el proceso de duelo de una paciente mía (escribe Élida), le pedí que escribiera lo que sentía respecto a este tema y con su permiso lo transcribo con el propósito de que sea de consuelo para muchos: "Aunque sé que mi querido hijo está en el cielo, no dejo de sentir un gran dolor por no tenerlo aquí conmigo. Algunos piensan que eso es egoísmo. Ya sé que mi hijo no era mío, que los hijos son dados por Dios para que los criemos y que son de Dios, pero igual siento que me sacaron algo mío. Mi hijo estuvo dentro mío por nueve meses, y por meses y años viví desvelos, suspiros y entregué mi tiempo y energía para que él tuviera una buena vida. Lo hice por amor, pero también implicó la entrega de mis recursos, ¿se entiende? No sé, un poquito mío era. Sí, era mi hijo, y no puedo soportar la idea de la pérdida, aunque sé que él está vivo en el cielo, que no desapareció, que vive allá, aunque no aquí con nosotros. Con mi mente sé que la separación es temporal y que le veré allá en el cielo; eso me llena de paz y de esperanza. Sé que la separación es temporal, pero de todos modos me duele mucho que mi hijo no esté viviendo ahora sus proyectos, sus sueños e ilusiones. Me duele el corazón, aunque me da mucho consuelo pensar que él está en la presencia de Dios gozando de su amor, sin dolor ni lágrimas. Este pensamiento se enriquece y crece dentro mío cuando leo la Biblia, y me hace bien. Siento que necesito la esperanza del cielo. La Biblia es bien clara respecto a esta verdad y yo lo creo. Me aferro a la palabra de Dios con todas mis fuerzas y con fe, y le doy gracias a Dios por la paz que me brinda su palabra y sus promesas. Paso a transcribir dos de ellas que me hace mucho bien releer. Dice Apocalipsis 21:3-4, *Oí una fuerte voz que salía del trono y decía: «¡Miren, el hogar de Dios ahora está entre su pueblo! Él vivirá con ellos, y ellos serán su pueblo. Dios mismo estará con ellos. Él les secará toda lágrima de los ojos, y no habrá más muerte ni tristeza ni llanto ni dolor. Todas esas cosas ya no existirán más»'.* Y 1 Tesalonicenses 4:13-18, *"Y ahora, amados hermanos, queremos que sepan lo que sucederá con los creyentes que han muerto, para que no se entristezcan como los que no tienen esperanza. Pues, ya que creemos que Jesús murió y resucitó, también creemos que cuando Jesús vuelva, Dios traerá junto con él a los creyentes que hayan muerto. Les decimos lo siguiente de parte del Señor: nosotros, los que todavía estemos vivos cuando el Señor regrese, no nos encontraremos con él antes de los que ya hayan muerto. Pues el Señor mismo descenderá del cielo con un grito de mando, con voz de arcángel y con el llamado de trompeta de Dios. Primero, los creyentes que hayan muerto se levantarán de sus tumbas. Luego, junto con ellos, nosotros, los que aún sigamos vivos sobre la tierra, seremos arrebatados en las nubes para encontrarnos con el Señor en el aire. Entonces estaremos con el Señor para siempre. Así que anímense unos a otros con estas palabras'.* Le pido a Dios que me ayude cada día a vivir a la luz de la realidad del cielo; estos versículos, ¡cuánto bien me hacen! Estoy agradecida al Señor porque mi hijo, que apenas tenía 17 años, y lamentablemente falleció en aquel accidente de trenes en Buenos Aires, era un fiel creyente en Dios y le servía en el grupo de jóvenes y en la alabanza de los cultos los domingos en la iglesia. Él amaba al Señor. De pequeño recibió a Jesucristo en su corazón como su Salvador. Eso me da mucha paz y esperanza de que un día volveré a verlo nuevamente, porque estoy segura de que está en la presencia del Señor en estos momentos. También estoy muy agradecida a la iglesia donde concurrimos desde hace muchos años, porque me siento contenida y muy mimada por la esposa del pastor y por el grupo de hermanos que allí se reúnen. Me han ayudado desde el primer momento en infinidad de formas. Cuando le doy gracias a Dios por tantas bondades recibidas de su mano a través de tantas personas, el doloroso vacío se transforma en paz y en algo muy especial que suaviza el dolor de mi corazón. Me hace bien ir a los cultos de la iglesia y cantar. Leer las palabras de 1 Tesalonicenses 5:18, *'Sean agradecidos en toda circunstancia, pues esta es la voluntad de Dios para ustedes, los que pertenecen a Cristo Jesús'*, me hacen bien. Me ayuda a detener mi tendencia a enfocarme en mi dolor cuando estoy cantando y agradeciendo a Dios por tantas cosas. Agradezco sus bondades, su fidelidad, sus cuidados, su protección, su provisión, su guía y su consuelo. Sé que mi hijo vivió muy intensamente sus 17 años, y ahora comprendo que no fue una vida truncada, que vivió una vida completa, aunque bastante corta. Siento dolor y paz al mismo tiempo cuando escribo esto. Entiendo que Dios tiene todo bajo control. Después de bastante tiempo aprendí a reconocer que esta es la voluntad de Dios para él. Dios todo lo sabe. Su voluntad, aunque incomprensible, sigue siendo su voluntad, y él es soberano en todas las cosas y de nuestras vidas también. Aprendí a respetar la voluntad de Dios. Gracias, doctora, por animarme a escribir todo esto, me hace bien". Hasta aquí su escrito. Esperamos sea de ayuda para ti.

4 - RESTAURACIÓN Y RESTITUCIÓN A TRAVÉS DE LA FE

Por haber transitado el proceso de duelo en nuestras vidas, podemos decir que los sufrimientos del pasado suelen romper la esperanza. Oraciones por sanidad que no se concretaron suelen quebrar la confianza. Esta realidad puede traer frustración y desesperanza, y muchas veces por esta razón aparecen temores de un nuevo golpe en la vida. Lo mejor es no permitir que la esperanza continúe rota, y vencer la desesperanza, cancelarla en el nombre de Jesús. En tiempos de sufrimiento la esperanza y la fe son lo único que nos mantiene en pie y unidos al Señor, de donde llega todo el poder para superar el duelo. Lo que más conviene es vencer estos sentimientos confiando nuevamente en el Señor, recuperar la esperanza y no perder la fe para recibir la promesa de la restitución. Permanecer fieles al Señor en medio del sufrimiento es la clave para la restauración y la restitución de una vida victoriosa. Para poder aceptar la nueva realidad de la vida después de la muerte del familiar, debemos superar el duelo, y lograr vivir con una vida restaurada del dolor y experimentar la restitución de Dios por su gracia en nuestras vidas. La fe y la esperanza aumentan las fuerzas. El Señor no deja de trabajar

Permanecer fieles al Señor en medio del sufrimiento es la clave para la restauración y la restitución de una vida victoriosa.

en nosotros y la restauración de la vida llega a Su tiempo, el tiempo de Dios.

Jeremías 31:13, dice: *"Los consolaré y cambiaré su aflicción en regocijo".* ¡Qué hermosa promesa de restitución! Siendo fieles hijos de Dios, nos llegan tormentas inesperadas de sufrimiento y mucho dolor permitidas por nuestro soberano Padre celestial, el Dios Eterno. Naturalmente lloramos nuestro dolor. Aun así, sin perder la fe, permaneciendo fieles a él, nos llega el consuelo que solo él sabe dar. Tengamos esperanza en la restauración y la restitución proveniente del Señor.

Cuando la fe está puesta en Alguien en quien se confía y no en algo que se espera, entonces la esperanza no se pierde fácilmente. No es que hay que negar la verdad del sufrimiento vivido, sino que es reparador ver lo que Dios puede hacer o está haciendo en tu vida y en la mía a causa del dolor que produjo aquella muerte.

La esperanza es lo que por la fe primeramente creemos, y lo que creemos viene por oír y leer las Escrituras. Esto dará lugar a la superación del duelo y a recibir la restitución que Dios nos promete: *"Hoy mismo prometo que les daré dos bendiciones por cada dificultad"* (Zacarías 9:12)

¿Será que a sus fieles Dios les restituye las pérdidas multiplicando las bendiciones? Restituir es devolver algo a quien antes lo tenía. Nadie puede devolver la vida de un familiar muerto, pero ¿qué puede devolvernos el Señor en forma de bendición multiplicada?

Restituir es sanar, es reintegrar, es devolver. ¿Será que el Señor, en su infinita misericordia y amor por nosotros, nos sana totalmente de un dolor que él permitió, reintegra nuestra vida, nos devuelve una relación con él de mayor intimidad, de mayor cercanía, y nos reembolsa la energía perdida y al desánimo lo convierte en esperanza?

La restitución fue una realidad en la vida de Job: *"... el Señor le restauró su bienestar. Es más, ¡el Señor le dio el doble de lo que antes tenía!"* (Job 42:10). ¡Sí! Hay restauración para quienes confían en el Señor Dios soberano, él restaura nuestra vida con su fortaleza, nos concede nuevas fuerzas, *"... los que confían en el Señor encontrarán nuevas fuerzas; volarán alto, como con alas de águila. Correrán y no se cansarán; caminarán y no desmayarán"* (Isaías 40:31)

Todos nosotros, que hemos sufrido tanto en el pasado por el fallecimiento de nuestro ser querido, podemos pedir restitución: *"¡Danos alegría en proporción a nuestro sufrimiento anterior! Compensa los años malos con bien. Permite que tus siervos te veamos obrar otra vez, que nuestros hijos vean tu gloria. Y que el Señor nuestro Dios nos dé su aprobación y haga que nuestros esfuerzos prosperen. Sí, ¡haz que nuestros esfuerzos prosperen!"* (Salmos 90:15-17). Porque confiamos en la promesa de Dios dada al profeta Jeremías: *"Pues yo sé los planes que tengo para ustedes—dice el Señor—. Son planes para lo bueno y no para lo malo, para darles un futuro y una esperanza"* (Jeremías 29:11).

Romanos dice: *"Así que la fe viene por oír, es decir, por oír la Buena Noticia acerca de Cristo"* (Romanos 10:17). La fe en el Señor, en su palabra, construye la esperanza en nosotros. Nuestra fe se desarrolla, crece y fortalece al oír la palabra de Dios en lecturas públicas y privadas. La fe produce la esperanza en el corazón de que sus promesas se cumplen. La esperanza ayuda a esperar confiados lo que por la fe ya creemos que vamos a recibir. En tiempos de sufrimiento necesitamos el consuelo del Señor a través de su Santo Espíritu, la superación del dolor a través de transitar el proceso de duelo; necesitamos recuperar nuestras vidas para seguir adelante a pesar del sufrimiento. Al creer en sus promesas mantenemos la esperanza en que Dios nos va a restaurar y nos dará el doble de lo que permitió que perdiéramos.

Las pérdidas que podemos sufrir pueden ser económicas, causadas por una estafa, o bien podemos perder nuestra reputación a través de una difamación mentirosa, o podemos también sufrir un quebranto por el fallecimiento de un ser querido. Job vivió todas estas pérdidas, y Dios le restituyó en todo.

A su tiempo, Dios en su amor nos restaura del sufrimiento que él ha permitido en nuestras vidas. La experiencia de sufrimiento no solo nos da resiliencia, una mayor fortaleza y otra mirada sobre las cuestiones de la vida. Como leemos en 1 Pedro 5:10, *"En su bondad, Dios los llamó a ustedes a que participen de su gloria eterna por medio de Cristo Jesús. Entonces, después de que hayan sufrido un poco de tiempo, él los restaurará, los sostendrá, los fortalecerá y los afirmará sobre un fundamento sólido"*. Damos fe que esta promesa Dios la cumplirá en tu vida, porque la cumplió en nosotros, porque él es fiel, él es la verdad, y él es amor. ¡Gloria a Dios!

Somos testigos vivos de que Dios es fiel y cumple todas sus promesas de restitución cuando atravesamos con fidelidad por diversas adversidades y pruebas difíciles. Por su gracia nos mantuvimos fieles. Y él restauró nuestras vidas, nos sostuvo siempre, nos fortaleció y nos afirmó (1 Pedro 5:10). Permitió que veamos su obrar con nuevas maravillas en nosotros. Nos hizo prosperar (Salmos 90:15-17). Cumplió su promesa y nos ha concedido el doble, por su gran misericordia (Zacarías 9:12). Ha compensado los años malos en bien. Nuestras hijas lo reconocen y han visto Su gloria, y son testigos de que Él nos ha dado nuevas fuerzas y un volar más alto (Isaías 40:31). Maravillados, y con una tremenda gratitud en nuestros corazones hacia nuestro Señor, podemos decir que de la misma manera como actuó restituyendo la vida de Job (Job 42:10), así ha hecho el Señor con nosotros, y lo puede hacerlo contigo también. ¡Dios es el mismo ayer, y hoy, y por los siglos!

Las Escrituras que mencionamos fueron y siguen siendo de aliento y esperanza en mi vida cada día, soy consciente de que son verdades profundas que bendicen mi vida y las comparto para que sean de bendición para ti también.

Hay una promesa de restitución que se sostiene por fe en tiempos de duelo, y es por fe no por vista de la realidad presente. El Señor dice a Jeremías, *"convertiré su duelo en alegría. Los consolaré y cambiaré su aflicción en regocijo"* (31:13). ¿Lo crees? ¡Créelo por fe! En el tiempo del Señor se cumplirá esta promesa en tu vida si continúas caminando en fidelidad al Señor. Por su gracia en nuestras vidas se cumplió esta promesa. En siete años nacieron siete nietos preciosos de nuestras tres queridas hijas y tres lindos yernos, que nos hacen muy felices, nos llenan de alegría el corazón. Disfrutamos comprando muchos regalos, llenándolos de abrazos y besos y sacándonos fotos que llenan nuevamente el álbum de recuerdos con alegrías. ¡Él es fiel!

En Salmos 30:11 leemos: *"Tú cambiaste mi duelo en alegre danza; me quitaste la ropa de luto y me vestiste de alegría".* Salmos *118:5, dice: "En mi angustia oré al Señor, y el Señor me respondió y me liberó".* Esta es una promesa para tu vida, como la ha sido para la nuestra. ¡Gloria al Señor! Él es fiel y siempre cumple sus promesas a su debido tiempo. Así es, podemos dar testimonio de que en nuestras vidas, Dios lo cumplió.

Charles Spurgeon escribió: "Él es ciertamente un Cristo precioso para todos los que creen en él; pero él es cien veces más precioso de lo que puedas imaginar". Dios nos dice algo muy importante para tener en cuenta en 2 Corintios 6:1-2, *"... no reciban ese maravilloso regalo de la bondad de Dios y luego no le den importancia".* Cuando recibas la restitución de Dios, no olvides que son regalos de su bondad y debemos darles la tremenda importancia que merecen.

Es bueno reconocer que *"¡Todo lo que tenemos ha venido de ti...!"* (1 Crónicas 29:14).

CAPÍTULO 7: HERRAMIENTAS PRÁCTICAS PARA EL ACOMPAÑAMIENTO

1 – ¿CÓMO ACOMPAÑAR?

En la Biblia encontramos numerosos textos que nos señalan que el Señor está presto a consolarnos en tiempos de tribulación y duelo. Cuando uno ya recibió el consuelo divino por la muerte de un ser amado, está en condiciones de ayudar a otros que están atravesando tiempos de dolor. Podremos consolar con el consuelo que hemos recibido del Espíritu Santo. "*Toda la alabanza sea para Dios, el Padre de nuestro Señor Jesucristo. Dios es nuestro Padre misericordioso y la fuente de todo consuelo. Él nos consuela en todas nuestras dificultades para que nosotros podamos consolar a otros. Cuando otros pasen por dificultades, podremos ofrecerles el mismo consuelo que Dios nos ha dado a nosotros*" (2 Corintios 1:3-4).

Algunas veces se interpreta este versículo dando a entender que el sufrimiento es permitido por Dios con el propósito de consolar a otros en su sufrimiento, pero esto no es lo que dice el pasaje. El consuelo recibido ha venido de parte de Dios y lo que recibimos y aprendimos a través de ese consuelo lo podemos transmitir a otros. Somos canales de lo que el Señor nos ha dado.

El apóstol Pablo exhorta a ayudarnos y consolarnos unos a otros cuando pasamos por diversas pruebas: *"... tengan el mismo cuidado unos por otros."* (1 Corintios 12:25 [NBLA]), *"Ayúdense a llevar los unos las cargas de los otros..."* (Gálatas 6:2).

Cuando quieres consolar a otro en su tiempo de duelo, es recomendable reconocer qué etapa de su proceso está transitando. Porque las palabras pueden sanar o herir, pueden ser aceptadas y ser de consuelo y bendición, o pueden ser rechazadas o causar un daño adicional si la persona no está preparada para recibir ese buen consejo. Por esa razón, te animo a estudiar las características de cada etapa del proceso de duelo desarrolladas en este libro. A través de lo que el deudo expresa verbalmente, podrás reconocer en qué estadio de su duelo se encuentra.

Recuerda que durante el primer tiempo después del cementerio, lo más recomendable es el abrazo, el silencio, el respeto por el dolor y mucho, mucho amor. Entregar amor expresado de todas las formas posibles y aceptables. Ora, busca la guía del Espíritu Santo y concéntrate en comprender cuáles son sus necesidades particulares en este momento puntual. Debes ser respetuoso de sus tiempos y de sus expresiones de dolor. Nunca lo juzgues. No critiques sus palabras, quejas y preguntas sin respuestas, aun cuando sean incoherentes, inoportunas o contrarias a su fe. Ora con ellos por el consuelo del Espíritu Santo. Anímale a vivir un día a la vez. Ayúdale a que pueda ir depositando sus lágrimas y su dolor en las manos del Señor. Ten en cuenta que aunque es posible que no sienta, por su gran tristeza, el amor del Señor, en este momento, por fe sabe que él está presente con su amor incondicional e inagotable. Escucha con atención, en silencio, sin corregir, ni exhortar ni aconsejar. No apresures sus tiempos, está atravesando un proceso que es muy doloroso y costoso en todo sentido. Reconoce su sufrimiento y brinda amor.

Hay palabras que sirven de consuelo en una etapa, pero que son vinagre sobre la herida en la etapa equivocada. Para todas las etapas, lo mejor son las demostraciones concretas de sincero afecto.

- A pocos días de volver del cementerio por la muerte de su único hijo, un matrimonio recibió un poema en una tarjeta con una linda narración que decía que los muertos viven en nuestros corazones. Al leer este poema estas personas expresaron sentir que su corazón estallaba en mil pedazos y lloraron con profundo dolor sin consuelo. Uno de ellos expresó a gritos diciendo "¡Está en el cielo y no en mi corazón! ¡Él no está más aquííííí, con nosotros!" Al cabo de un tiempo expresaron con más calma qué fue lo que les pasó al leer el poema: "No soportaba la realidad de tenerlo en mi corazón, ¡yo quería volver a tenerlo a mi lado! ¡No soportaba la idea de que solo tenía que contentarme con tenerlo en mi corazón, esas palabras fueron desgarradoras para mí, aunque ahora reconozco que son una gran verdad; mi hijo está en mi corazón todos los días!".

- Una mamá al volver del entierro de sus dos hijos que fallecieron en un accidente fatal en la ruta, camino a un campamento de verano, recibió la siguiente frase "¡Al menos tienes un lindo recuerdo, fueron siempre buenos chicos!" Y ella le gritó, "Ufff, no quiero tener un lindo recuerdo de mis hijos, los quiero aquí conmigo, en mi casa, con nosotros. ¡Quiero verlos jugar, reír, tenerlos conmigo y abrazarlos!" Y rompió en llanto.

- En una visita pastoral, un pastor fue a visitar a una familia que estaba viviendo días de mucho dolor por la muerte repentina de su hija menor de 8 años. Al llegar a la casa encontró una numerosa cantidad de fotos de la hija sobre un modular en el comedor. Y para ayudarles a sobrellevar su dolor, les dio un consejo que creía les iba a servir en ese momento. Les dijo: "Saquen las fotos y los cuadros de su hija porque les puede estar haciendo mal a ustedes; no les va a ayudar a superar este dolor". Pero, para su sorpresa, recibió un reproche expresado con un tremendo dolor: "¡No, pastor, no solo no los voy a sacar, sino que si pudiera haría una foto de ella de tamaño real, porque no soporto no tenerla más! No soporto que ya no esté con nosotros, quiero que vuelva, que esté aquí con nosotros; de hecho, le he pedido al Señor que me la resucite. Él tiene poder, ¿o no? ¡¿Qué dice usted, pastor?!"

- Cuando yo estaba transitando el primer tiempo del duelo por Lorena (escribe Élida), un día me vino a visitar un familiar muy querido y me encontró recostada en un sillón, sin fuerzas para levantarme, con mis ojos drenando lágrimas y sin poder detener mi profundo dolor. Con mucho amor me aconsejó que saliera a caminar, y le dije que no tenía fuerzas. Él insistió, y me explicó que caminar me daría más fuerzas, que aumentaría mi energía, lo cual era verdad. Pero yo no tenía energías de ningún tipo, no tenía fuerzas para nada, me sentía hundida en mi quebranto. Su consejo era adecuado y muy bueno, pero en ese momento, sin fuerzas para nada, me sentí exigida y no comprendida.

Como vemos, muchas veces consejos realmente buenos pueden hacer mal simplemente porque no es el momento apropiado para recibirlos. ¿Te das cuenta de que un buen consejo o comentario puede no ser de ayuda si no es un buen momento para recibirlo? ¡Cuán difícil es el tiempo de profundo dolor! Aunque es difícil, es bueno ayudar a las personas que están atravesando un tiempo de duelo, ya que todas las ellas pasan una o más veces en la vida por ese oscuro valle.

Si te sientes llamado a acompañar a alguien en su tiempo de dolor, no procedas como Moisés al momento de obedecer su llamado. Dios llama a Moisés para una misión. Dios sabía que él tenía todos los recursos físicos, culturales, espirituales, de madurez y sabiduría para poder cumplir con su misión. En Efesios se nos dice que todos tenemos caminos de buenas obras que están asignadas para que las realicemos (Efesios 2:10). Moisés dijo: *"¡Quién soy yo para hacer esa tarea tan difícil! ¿Qué le digo cuando me presente?* Recuerda que consolar no es tarea difícil, es brindar amor, es estar presente y acompañar. *¡Soy tan torpe para hablar!,* decía Moisés. Recuerda que no tienes que decir nada en especial; solo debes entregar amor al que sufre y es Él el que consuela. Dios los consolará a través de ti. Junto a una persona desconsolada no tienes nada que decir, solo sentir su dolor con

Recuerda que no tienes que decir nada en especial; solo debes entregar amor al que sufre y es Él el que consuela.

amor, empatía y comprensión. Si quieres ser de bendición, tienes que estar disponible para lo que sea que se necesite, pero que sea con respeto y mucho, mucho amor. Recuerda que en lo que sea que la persona necesite, serás solo el canal por dónde va el Espíritu Santo con su consolación. Dios se glorificará a través de ti. El Espíritu Santo hará la obra en esa persona a través tuyo. Somos canales de la bendición de Dios.

En una oportunidad, después de dar una conferencia sobre este tema, una joven me preguntó cómo hacer para consolar a un matrimonio al que se le había muerto un hijo en un accidente. Le expliqué que esos son los casos más difíciles de atravesar. Es reconocido mundialmente que el duelo por el fallecimiento de un hijo es el más difícil, porque es el dolor más grande que puede sufrir una persona, y si se trata de una muerte inesperada, lo es todavía más. Consolar es llorar con los que lloran y una de las recomendaciones que le di es que es de gran ayuda acompañar en el sufrimiento con la sola presencia, abrazar, escuchar, dejar llorar sin interrumpir, dejar que relaten una y más veces cómo fue la tragedia que llevó a la muerte al hijo, nombrarlo por su nombre, recordar el día del fallecimiento en los próximos años, evitar decir frases armadas, no dar juicios de valor. Una cosa importante es que si no has pasado por la misma experiencia no digas *te comprendo*, porque solo quien ya pasó por ese lugar puede realmente comprender el dolor de un padre y una madre que lloran a su hijo muerto. Otra recomendación es animarlos a participar de un grupo de ayuda mutua para padres en su misma situación, recomendarles o regalarles libros que los puedan ayudar en el proceso de duelo. En todo tiempo hay que recordar que tienen el corazón destrozado.

2 - ¿QUÉ HACER Y QUÉ DECIR?

La incomodidad de muchas personas ante la muerte y el no saber qué decir los lleva a evitar a quienes están en duelo. No están seguros de cómo comportarse si la persona llora, ni qué decir. Este temor limita la posibilidad de ayudar, pero no se puede vivir como si la muerte no fuera una realidad.

La primera recomendación es establecer un vínculo de confianza con la persona que se quiere ayudar.

La segunda es conocer los pasos del proceso de duelo.

La tercera, es tener en cuenta los SI y los NO al acercarse.

Las palabras que podemos darle a alguien que está recientemente sufriendo por la pérdida de un ser querido pueden dar alivio y consuelo o irritar y herir. Esto se da algunas veces por lo que se dice y en otras ocasiones por el momento en que se dice lo que se dice. Las palabras son correctas pero tal vez no sea el momento oportuno para recibirlas de acuerdo con lo que la persona está sintiendo. Cada etapa del proceso de duelo presenta sentimientos y necesidades propias.

Algunas personas expresan que frente a la muerte no hay palabras. Pero afirmamos que toda demostración de afecto y amor siempre hace bien, y ayuda a sobrellevar el dolor más allá de las palabras.

Te animo a reconocer que, ante la muerte, la persona puede quedar desconcertada, con muchos interrogantes y muy pocas o ninguna respuesta. Probablemente tendrá mucha confusión, no entenderá nada con la cabeza, tendrá paralizado el corazón y se habrá quedado sin palabras. Muchas veces hay una total incomprensión de la realidad de la muerte. Es por eso que se debería tener en cuenta que las palabras no son para ayudarle a comprender la muerte, sino para comprenderse a sí mismo.

En una oportunidad, alguien le dijo a una persona en duelo: "Los tiempos de crisis ¡¡hay que cambiarlos por tiempos en Cristo!!". A lo que ella respondió: "Yo no estoy en crisis, estoy en duelo", y rompió en llanto.

Algunas veces es posible que, queriendo ayudar, se digan con buena intención frases que, en vez de consolar, lastiman. Tal vez no son las palabras más adecuadas o el momento oportuno. Tal vez es por la sencilla razón de que alguien que está dolido no puede ayudar a otro que está pasando por un dolor.

Quien quiera ayudar y consolar debería estar seguro de estar sano del dolor que implica una muerte. Lo mejor es acompañar el dolor, llorar con los que lloran más que buscar palabras para consolar.

Los SÍ:

1. Pedirle al Señor tener un corazón tierno, compasivo, sentir misericordia y mucha empatía por el dolor ajeno.
2. Conocer bien las etapas del duelo.
3. Acercarse con afecto y cariño. Buscar tiempo para estar junto a él o ella. Pasar tiempo acompañando o brindando ayudas prácticas. Hay que nombrarlos por el

nombre, no por el vínculo (por ejemplo, decir Roberto y no tu hijo). Comprender los sentimientos de pérdida. Relacionarnos con empatía, amor y respeto.

4. Acompañar en el sufrimiento. Ser pacientes e ir al paso de la persona.
5. Brindar contención, comprensión y apoyo.
6. Abrazar.
7. Dejar llorar sin interrumpir.
8. Saber escuchar. Desarrollar una escucha atenta. Escuchar con amor y respeto. Escuchar para comprender lo que le pasa en este momento de sufrimiento, escuchar más que hablar.
9. Preguntar primero si quieren que hagas una oración o leas un pasaje de la Biblia.
10. Recordar la fecha los próximos años.
11. Normatizar la expresión de sus sentimientos o sus reacciones. No sorprenderse por comentarios inadecuados o que parecerían denotar una falta de fe; son más bien desahogos de dolor. No compartir con terceros lo que has escuchado.
12. Hazte presente en forma frecuente con visitas cortas, llamados telefónicos y mensajes. Acompaña y comprende sus pedidos.
13. Utiliza los recursos de la comunidad de fe, familia, amigos y grupo de ayuda mutua. Siempre la fe será un factor de fortaleza.

14. Escucha con atención si habla sobre la muerte o sobre el deseo de morirse. Si la persona depresiva tiene pensamientos claros de suicidio y planes bien pensados hay que buscar ayuda inmediatamente y no dejarlo solo en ningún momento del día. Este es un caso donde no hay que dudar en consultar con un médico psiquiatra o una institución psiquiátrica de forma inmediata.
15. Anímale a orar sus dolores, sus pensamientos, sus quejas, su incertidumbre. Anímale a ser sincero con Dios acercándote a él como su Padre Celestial.
16. Ora que se afirme en su fe en el Señor y Salvador.
17. Las visitas deberían ser cortas, solo para entregar amor a través de actos de servicio, gestos de apoyo, un abrazo, una espera silenciosa, una oración al Señor pidiendo su consuelo, quedarnos un rato escuchando música o un programa a través de algún dispositivo, lo que la persona prefiera, o simplemente nada.
18. Ofrecer ayuda económica. Algunas mujeres al enviudar quedan sin apoyo económico. Santiago 1:27 dice: *"La religión pura y verdadera a los ojos de Dios Padre consiste en ocuparse de los huérfanos y de las viudas en sus aflicciones, y no dejar que el mundo te corrompa". En muchas ocasiones nosotros las visitamos, oramos por ellas y les dejamos un sobre con una ofrenda de amor.*

Recuerda que el objetivo de tu visita no es quitarle el dolor, simplemente es acompañar en el dolor.

Recuerdo que en casa teníamos un sillón donde se sentaban nuestras cuatro hijas a reírse frente al televisor. Cuando falleció nuestra hija mayor venía una amiga de la iglesia, y se sentaba ahí a acompañarlas a mirar televisión. Para mí (escribe Élida) fueron de mucha bendición esas visitas. Porque yo pasaba y veía nuevamente cuatro chicas y sentía como mi corazón se calmaba, aunque sea por un corto tiempo. Ella no decía nada, pero nos acompañaba en esas tardes tan tristes. Cuando vas de visita piensa en lo que ellos están esperando o necesitando de ti. Lo que esperan es tu amor y comprensión, no tus consejos. No necesitas brindar soluciones. Recuerdo que en una oportunidad vino a visitarme una compañera del seminario que no había podido ir al velatorio de mi hija; era uno de esos días en que pasaba el tiempo llorando, y las lágrimas parecían no agotarse. Llegó ella y lo único que hice fue llorar. Ella permaneció a mi lado un largo rato y luego hizo una oración y se fue. Eso fue todo. Solo eso fue de consuelo para mi triste corazón en esos días cercanos al entierro de nuestra hija. Muchas veces un corazón dolorido lo único que necesita es llorar, y debemos respetar esos momentos sin obstaculizarlos porque son de una verdadera bendición. *"Entonces, durante siete días y siete noches, se sentaron en el suelo junto a Job, y ninguno le decía nada porque veían que su sufrimiento era demasiado grande para expresarlo con palabras"* (Job 2:13) ¿Por qué es importante no dar soluciones o consejos? ¿Por qué respetar sus tiempos y proceso? Porque todas las personas son diferentes en sus historias pasadas, en sus experiencias y vivencias. Las fortalezas y las debilidades son propias de cada uno, así también las reacciones frente a la muerte. Cada uno, en camino hacia la aceptación de su nueva realidad, recorre su propio proceso de duelo a su propio ritmo

Recuerdo (escribe Élida) que, atravesando la primera etapa de duelo por el fallecimiento inesperado de mi hija mayor, Lorena, vino un día a visitarme mi cuñada. Llegó con una bolsa, abrió el freezer y lo llenó con comida ya preparada. Eso fue de una gran bendición para mí, dado que la vida seguía, mis otras tres hijas debían seguir comiendo y estaban desatendidas por mi falta de fuerzas. Tenía el estómago tan cerrado que no podía comer ni tenía fuerzas para cocinar. Yo deseaba que todo el planeta dejara de girar, porque sentía que mi mundo se había detenido por completo. Otro día, ella vino con un par de libros, se sentó a mi lado y solo tomó mi mano, mirándome con ternura mientras yo lo único que hacía era llorar. Esos libros abrieron el camino hacia otros de la misma editorial que me ayudaron a seguir atravesando el proceso de duelo, día a día.

Una noche, pasó una hermana de la iglesia y nos dejó un kilo de helado, y otro día nos dejó una tarta de verduras riquísima.

Un pastor amigo, vino a orar por nosotros a nuestra casa y nos aconsejó: "Aparten periódicamente un fin de semana para salir en familia, estar solos y poder compartir y tiempo de calidad juntos". Eso hicimos, y nos ayudó muchísimo escuchar a nuestras niñas más pequeñas abrir sus corazones cargados de incomprensión y dolor. Es así como viajamos en familia al sur del país por unos días. Llevamos muchas fotos y videos que habíamos sacado a lo largo de los años donde estábamos todos. Veíamos a Lorena sonreír junto a nosotros. Lloramos juntos, hablamos mucho, oramos largo rato, nos abrazamos muchas veces. Nos hizo mucho bien.

Estos son solo algunos ejemplos, de como personas han acompañado nuestras vidas durante duelo y el sufrimiento y han sido de bendición.

Otra forma de recibir ayuda son los grupos de apoyo formados por personas que han vivido un duelo. Nosotros asistimos, aunque por poco tiempo, a un grupo de padres que habían perdido hijos. Y les confieso que fue de mucha ayuda en aquel momento. Son grupos que se reúnen semanalmente a una hora determinada solo para compartir, intercambiar experiencias, darse ánimo o llorar juntos; es un espacio de contención.

3- ¿QUÉ NO HACER Y QUÉ NO DECIR ?

Frases que se dicen y NO son convenientes:

- El Señor lo necesitaba en el cielo.
- Ella ahora es una flor en el jardín de Dios.
- Ya no sufre.
- Ahora está mejor.
- Pórtate bien, que ahora tu mamá te mira desde el cielo.
- Bueno, les quedan dos hijos más, tienes que mirar por ellos.
- Sé fuerte, los hombres no lloran.
- Ahora tienes que cuidar a tu mamá.
- Ahora eres el hombre de la casa.

Cosas que NO conviene hacer:

- Proverbios 25:20, *"Cantar canciones alegres a quien tiene el corazón afligido es como quitarle a alguien el abrigo cuando hace frío o echarle vinagre a una herida"* Teniendo en cuenta este proverbio, no te muestres alegre y chistoso frente a quien está triste y afligido.
- No digas: *"Llámame cuando me necesites"*, porque esa llamada nunca llegará.
- No criticar, ni acusar.
- No exhortar, amonestar ni sermonear.
- No rechazar, desvalorizar o ser indiferentes.
- Evita las frases armadas o trilladas que dijimos anteriormente.
- No frenar los desahogos de la persona ni sus reacciones.
- No imponer salir a caminar o a hacer ejercicio físico, o a estar activo de alguna manera cuando se está en la fase de tristeza profunda.
- No pedirle que ponga un poco de voluntad, porque su problema no es la pereza ni la falta de voluntad.
- No condenar por lo que dice o hace a una persona cuando está en pleno dolor.
- No hostigar, ni culpar por errores o malas decisiones que probablemente haya cometido.
- No exigir que haga cosas que no puede hacer a causa de su falta de energía física y psíquica.

- No juzgar sentimientos, palabras o expresiones de queja, porque tiene su corazón quebrado por el sufrimiento. Comprender más bien que son muchas veces bocanadas de dolor y no falta de fe. Son expresiones de desahogo. El dolor está comprimido en el pecho y sale con presión hacia el exterior con frases desafortunadas o interrogantes, sin medir consecuencias. Debemos comprenderlas como expresiones de profundo dolor en el alma.

4-¿CÓMO AYUDARNOS A NOSOTROS MISMOS EN UN TIEMPO DE DUELO?

Responde: ¿verdadero o falso?

1. Cada pérdida es única.
2. Mi pérdida es la peor.
3. Mi dolor es el más fuerte.
4. Mi problema es el más grande.
5. Todas son verdad.

La respuesta correcta es la 5: todas son verdad.

¿Cómo puedes ayudarte a ti mismo en el tiempo de duelo?

- Escriba sus sentimientos, temores, dudas. Escribir les puede ayudar a las personas a las que les cuesta expresarse frente a otros. Pasar a una hoja de papel su sufrimiento, su dolor, sus pensamientos y emociones más profundas le ayudará a desahogar el corazón. Dar libertad al corazón y a la lapicera; no pensar demasiado en la ortografía o caligrafía. Solo será para su lectura, no será necesario compartirlo con alguien más. Hacer una descripción de lo que le está pasando y sintiendo aliviará su corazón.

- Escribir una oración a Dios, su pedido y súplica, sus dudas y ansiedades. Expresar sus dolores. Al finalizar, recomiendo dejar pasar un tiempo y leerlo nuevamente. Le hará reflexionar, repensar su situación, generará creatividad en sus pensamientos, le dará un nuevo significado a alguno de sus síntomas, encontrará algunas ideas nuevas para enfrentar su sufrimiento. Más tarde, también le será útil para ir viendo cómo va avanzando en el camino a la superación del duelo.
- Cuida tu fe en Dios, no cercenes tu fe. No claudiques en tu fe en el Señor. No bajes los brazos, cuida que tu fe en el Señor no decaiga y sigue adelante un paso a la vez, día por día, tomado de su mano.
- Cuida tus pensamientos. El diablo quiere que desconfíes del amor de Dios, sus cuidados y protección. No cedas. No te entregues. Lucha espiritualmente. Dios es amor (1 Juan 4:8). Dios te ama, nunca dejó de amarte. Dios te cuida y ángeles acampan a tu alrededor para defenderte y protegerte (Salmos 34:7).
- Lee los Salmos. Mientras lloras, ora y proclama las verdades y las promesas bíblicas. Escuchar la lectura de

los Salmos fortalece el alma. Hoy contamos con audio Biblia en muchos dispositivos.

- Confía completamente en Dios. Él conoce el motivo de tu dolor.
- Acepta que se está transitando una etapa de sufrimiento.
- Aférrate a Dios y no dudes de sus cuidados amorosos. Haz como Pedro cuando caminaba sobre las aguas: clava tu mirada solo en Jesús.
- No tomes decisiones trascendentales en tiempos de crisis, de angustia y de dolor. ¿Por qué? Porque la angustia limita seriamente las capacidades cognitivas; la capacidad de atención y concentración están reducidas porque el pensamiento está ocupado por muchas ideas de sufrimiento.
- No reprimas el llanto. Es bueno llorar, hace bien llorar el dolor. Si sientes ganas de llorar, llora, aunque creas que las lágrimas no se agotan.
- En el tiempo de duelo es recomendable no ser exigentes con uno mismo, ni críticos. Es más bien un tiempo para darse permisos, respetar sus tiempos, sin esforzarse ni exigirse más de lo necesario, porque es un tiempo muy especial de la vida. Los permisos durante el proceso de duelo son importantes tenerlos en cuenta.
- Así como te es permitido llorar todo lo que necesitas, también te está permitido reír, pasear, disfrutar. Son recreos que necesitas. Aunque sea por cortos periodos, es importante que tengas esos recreos; son oasis

en el desierto que Dios permite para descansar tu atribulado corazón. Tienes permiso para gozar sin culpas de las cosas lindas que la vida te ofrece. Tienes permiso para un tiempo de alegría, aunque estés llorando a tus muertos. Es importante para la salud emocional darse estos permisos.

- Para recuperarse del dolor, es aconsejable apartarse y tener tiempos de quietud y silencio delante del Señor, para reparar el corazón, tomar fuerzas, obtener sosiego y equilibrio de las emociones y sentimientos, para aquietar los pensamientos. Es tiempo de buscar descanso, refugio y aliento en los brazos del Señor. Esto es muy reparador. Dios no cambia. Él es Soberano. Estamos en sus manos, en sus amorosas manos. Sus manos nunca dañan, siempre aman. Este tiempo de repliegue, de quietud, de apartarse del ruido al dejar en lo que se pueda la ajetreada actividad de la vida, hace bien. Reposar en el Señor, sentado en su presencia, en silencio delante de su santo trono, es muy provechoso para el alma dolida. El apóstol Pablo escribe, *"Además, el Espíritu Santo nos ayuda en nuestra debilidad. Por ejemplo, nosotros no sabemos qué quiere Dios que le pidamos en oración, pero el Espíritu Santo ora por nosotros con gemidos que no pueden expresarse con palabras"* (Romanos 8:26). Cuando ya no hay más palabras para llorar y orar al Señor, allí el Espíritu Santo no se aparta de nuestro lado e intercede por nosotros. ¡Qué bendición es gozar de su permanente presencia!

- Pide ayuda al Señor. El tiempo de dolor es un tiempo especial para buscar activamente ayuda en la presencia de Dios. Dios nos dice: *"Luego llámame cuando tengas problemas, y yo te rescataré, y tú me darás la gloria»* (Salmos 50:15).
- Orar los dolores del alma herida. Orar, orar mucho, orar tu dolor y estar en silencio en Su presencia, tratando de escuchar el susurro de su voz y sentir el suave aceite o bálsamos de consolación indescriptible con palabras.
- No te quedes solo, no te aísles por demasiado tiempo. Busca la compañía de alguien. Busca el consuelo de los demás. El dolor no se medica, la tristeza, la angustia por una pérdida, tampoco. Se acompaña. En este tiempo necesitas contención, apoyo, abrazos, un hombro para recostarte, un brazo donde apoyarte. Alguien que con sabiduría solo te escuche. A veces, cuando las personas se sienten mal, se encierran en sí mismos y les cuesta relacionarse con otras personas. Encerrarse en sí mismo no le ayudará a largo plazo a salir de la depresión sino que por el contrario puede hacer que el problema se cronifique.
- Liberarse de la culpa. Perdonar y perdonarse.
- Cuidar su salud. Hacerse los controles médicos todos los años. Asistir a consultas médicas en caso de necesidad y tomar la medicación administrada por el profesional. No automedicarse. En el duelo suelen aparecer trastornos físicos que deben ser controlados

- Tomar sol. Ve a caminar con el sol, haz deporte o gimnasia o simplemente siéntate a tomar sol. El sol hace bien ya que favorece la producción de neurotransmisores relacionados con el placer, relaja, ayuda a descansar mejor, contribuye a mejorar el ánimo. La luz solar es clave para nuestro estado de ánimo. Entre más largo sea el periodo de luz, mayor será el sentimiento de bienestar general. Se tiene más energía, se es más activo y creativo. Tomar sol disminuye los síntomas depresivos. Muchos reconocen un sentimiento de falta de energía y motivación cuando se debe enfrentar un día gris y nublado. La luz solar influye en la secreción de melatonina. Gracias a la melatonina producida por una glándula en el cerebro, se genera sueño en la oscuridad y frente a la luz matutina aparece el despertar. La luz estimula el hipotálamo, en donde se controlan muchos aspectos funcionales, como el sueño, la alimentación, la temperatura, funciones estas que se desregulan por causa de la depresión. La luz también influye en la síntesis de serotonina, que es importante para mantener un buen estado de ánimo.
- Hacer ejercicio físico. El ejercicio juega un papel importante en la mejora del ánimo. La sangre se oxigena mejor, desciende la presión sanguínea. Es como que al circular más la sangre, se limpiara del torrente sanguíneo la depresión. Con el ejercicio se producen también endorfinas, conocidas como las hormonas del bienestar, pues generan sensaciones de bienestar, relajación, satisfacción, y aumentan la concentración y la

autoestima haciendo que la persona depresiva se sienta de mejor humor, disminuyendo su ansiedad y tensión. Un tipo de ejercicio que es accesible a todos es el de caminar durante media hora varios días por semana. Caminar posee todas las ventajas que dan otras actividades más exigentes.

- Escuchar buena música hace bien, serena el ser interior que a veces está aturdido por preguntas sin respuesta.
- Hacer lo bueno, hacer el bien a otras personas, es gratificante y cambia el ánimo. Al ayudar a otros, actuando por el bien de los demás, se siente una satisfacción que inunda el corazón. Hacer el bien nos genera felicidad. Hacer el bien no debe ser algo complicado ni sacrificial.
- Participar de grupos de apoyo. Y si es necesario, acudir a un profesional de la salud.

Un permiso muy importante en este proceso es el poder decir adiós. Llega un momento en el proceso en el que ya puedes despedirte del ser amado con un "hasta luego", un "adiós, hasta pronto". Aun llorando, puedes decirlo en voz alta o escribir una nota. Tal vez no te alcance con una sola vez. Hazlo a su debido tiempo y sin presión alguna.

Hazte un favor, sigue con tu vida. Dios tiene un propósito para tu vida; debes encontrarlo en oración y preguntarle qué es lo que él quiere hacer con tu vida. El propósito está adelante. Debes seguir hacia adelante, a pesar del dolor y el sufrimiento que te ha causado la muerte de ese ser tan amado. El Señor te anima a seguir avanzando. Busca sus promesas, sus designios, sus caminos, reconociendo que *"Lámpara es a mis pies tu palabra, lumbrera a mi camino"*. (Salmos 119:105 [RVR1960]). Al leer metódicamente la Biblia te darás cuenta de que Dios te mantiene con vida según su propósito. Su propósito es eterno, pero se manifiesta en el tiempo que vives aquí en la tierra. Es tu guía y consuelo, y te dirige hacia el cumplimiento de su propósito en tu vida. Él te ama con amor eterno. Y esto lo debes aceptar por fe. Su plan para tu vida está diseñado desde la eternidad, su propósito es eterno. El Señor nos llamó a ti y a mí para que lo amemos, para obedecerle, servirle, adorarle, darle gloria y honrar su divinidad. Él nos dio dones para que los ejerzamos y desarrollemos para su gloria.

Confiesa quién es el Señor, su grandeza, sus bondades y todas sus cualidades. Ayúdate con salmos, proclámale. Orar los salmos hace bien. Confía en Dios, desarrolla tu confianza en él. Déjate llenar por su amor, sus fuerzas, su fortaleza, su instrucción. Ten fe y esperanza en Dios, ámalo. Obedece a Dios cumpliendo sus mandatos.

5-¿CÓMO PREPARARSE PARA TIEMPOS DIFÍCILES DE ADVERSIDAD Y DOLOR?

Es común que vivamos como si nunca nos fuera a pasar algo malo. Y cuando llega la aflicción, esta nos cae de sorpresa. Jesús nos lo advirtió cuando dijo que en el mundo tendríamos aflicción, pero también nos dio esperanza para atravesar esos momentos: *"Yo estaré con ustedes, yo he vencido al mundo"*.

Dios siempre está a nuestro lado en tiempos de sol como de tormentas. ¿Deberíamos estar preparados para cuando lleguen las tormentas? ¿Tienes en tu casa guardado algún paraguas para cuando llueve, aun cuando habitualmente no lo uses? Lo importante es que sabes que allí está, listo para cuando sea el momento de usarlo. ¿Podemos estar preparados para cuando lleguen las tormentas y adversidades? Creo que sí, y es lo mejor que podemos hacer. ¿Cómo podemos prepararnos para los tiempos difíciles?

Es común que vivamos como si nunca nos fuera a pasar algo malo.

Billy Graham dijo: "Aquellos que están mejor preparados para la aflicción son los hombres y mujeres con una fe profunda, que han aceptado y confiado en las promesas de Dios antes de verse en la necesidad de reclamarlas. Ellos alimentan su fe leyendo la Biblia y creyendo en ella, y así desarrollan su fortaleza espiritual mientras brilla el sol. Por lo general, tendemos a comprar las sombrillas después de que ha comenzado a llover. Sería mucho mejor si las tuviéramos antes de necesitarlas".

Otra forma de prepararnos para los tiempos difíciles es aprovechar los buenos tiempos para crecer en el conocimiento bíblico y las disciplinas espirituales, que nos permitirán desarrollar una conciencia y una convicción profunda acerca de quién es Dios y cuanto nos ama. Creer estas verdades, sentirnos amados, reconocer su amor en sus diarias bondades y aprender a darle gloria nos ayudará a crear en nosotros una confianza muy especial en nuestro Señor Jesucristo, y a reconocerlo en cada uno de nuestros pasos aquí en la tierra. Entonces, cuando vengan las dificultades, sabremos que él nos ama aun cuando lloremos nuestros dolores. Tenemos la certeza de que él nos ama a pesar de que permita adversidades en nuestras vidas.

Algo importante a tener cuenta para estar listo para tiempos de adversidad, es saber rodearnos de amigos fieles a Dios, que sean personas experimentadas en la vida de relación con Dios y que sepan sostenernos en la fe cuando las dudas nos ataquen.

Relaciones fuertes que nos animen en nuestra relación con Dios, son fundamentales en los tiempos malos.

Esta realidad también se extiende la comunidad de fe. Ser parte de una iglesia sana, donde se enseñen las verdades bíblicas y podamos desarrollar lazos afectivos con otros hermanos en la fe.

PALABRAS FINALES

Son muchas las personas que sufren a causa del duelo. Es un tiempo de sufrimiento. La muerte de un ser querido puede destruir la vida de una persona o a una familia. Son muchos los que comienzan a transitar el proceso de duelo; algunos quedan en alguna etapa y otros llegan a la resignación. Deseamos que quienes tengan la oportunidad de leer estas páginas avancen aún más, y lleguen a la superación del duelo, que restauren sus vidas gracias a la fe en la esperanza de las promesas divinas escritas en la Biblia, y que por su fidelidad y sin claudicar vivan la tremenda experiencia de la restitución que por su gracia el Señor nos ofrece.

Al terminar estas líneas vienen a nuestra memoria tantas presencias de pastores y amigos que nos han venido a visitar y que han sido verdaderos mensajeros de Dios.

Palabras de ánimo, tiempos de oración, actos de servicio inolvidables y muchas cosas que mas que hoy no podemos nombrar, pero valieron mucho para nosotros en nuestro tiempo de duelo y sufrimiento.

Durante nuestro proceso de duelo, un matrimonio nos regaló un pequeño cuadro con un paisaje muy bonito y con el siguiente texto: *"En su bondad, Dios los llamó a ustedes a que participen de su gloria eterna por medio de Cristo Jesús. Entonces, después de que hayan sufrido un poco de tiempo, él los restaurará, los sostendrá, los fortalecerá y los afirmará sobre un fundamento sólido*" 1 Pedro 5:10

A ese cuadro aún lo conservo sobre un estante de la biblioteca, y ha sido de gran ayuda y bendición, como agua fresca en el tiempo de nuestro desierto.

Gracias, Señor, por cuántos hermanos que se han acercado a nosotros en aquellos tiempos, ¡mediante los cuales fuimos consolados! ¡Muchas gracias queridos familiares, amigos, hermanos en la fe y pastores amigos!

Al recordar a tantos fieles, compasivos y empáticos cristianos, queremos honrarlos y agradecerles por sus actos de amor hacia nosotros. Fueron de gran ayuda y bendición. Y pedimos al Dios eterno que los recompense grandemente. ¡A todos, muchas gracias!

Querido lector, si eres tu quien atraviesa el proceso de duelo, esperamos que este libro sea un guía con la que pueda conectar y crecer frente a los desafíos de este tiempo doloroso que estas viviendo. ¡Oramos para que nuestro amado Dios te lleve con éxito hasta el final de este proceso tomado de su mano!

Si hoy te toca acompañar un proceso de dolor, queremos recordarte a través de estas palabras finales que Dios puede usarte como canal de su consuelo y bendición para las personas que sufren. Te animamos a estar disponible para que Dios haga su obra de consolación y restauración a través de tus acciones de amor y entrega, guiadas por él.

ALGUNAS PREGUNTAS QUE DEBES RESPONDER:

¿QUIÉN ESTÁ DETRÁS DE ESTE LIBRO?

Especialidades 625 es un equipo de pastores y siervos de distintos países, distintas denominaciones, distintos tamaños y estilos de iglesia que amamos a Cristo y a las nuevas generaciones.

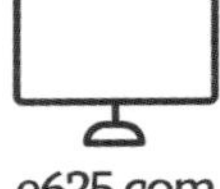

e625.com

¿DE QUÉ SE TRATA E625.COM?

Nuestra pasión es ayudar a las familias y a las iglesias en Iberoamérica a encontrar buenos materiales y recursos para el discipulado de las nuevas generaciones y por eso nuestra página web sirve a padres, pastores, maestros y líderes en general los 365 días del año a través de **www.e625.com** con recursos gratis.

¿QUÉ ES EL SERVICIO PREMIUM?

Además de reflexiones y materiales cortos gratis, tenemos un servicio de lecciones, series, investigaciones, libros online y recursos audiovisuales para facilitar tu tarea. Tu iglesia puede acceder con una suscripción mensual a este servicio por congregación que les permite a todos los líderes de una iglesia local, descargar materiales para compartir en equipo y hacer las copias necesarias que encuentren pertinentes para las distintas actividades de la congregación o sus familias.

¿PUEDO EQUIPARME CON USTEDES?

Sería un privilegio ayudarte y con ese objetivo existen nuestros eventos y nuestras posibilidades de educación formal. Visita **www.e625.com/Eventos** para enterarte de nuestros seminarios y convocatorias e ingresa a **www.institutoE625.com** para conocer los cursos online que ofrece el Instituto E 6.25

¿QUIERES ACTUALIZACIÓN CONTINUA?

Regístrate ya mismo a los updates de **e625.com** según sea tu arena de trabajo: Niños - Preadolescentes - Adolescentes - Jóvenes.

¡APRENDAMOS JUNTOS!

ZONA DE CONTENIDO
PREMIUM

Suscripción de **materiales premium** para iglesias
Recursos gratis
Tienda con envíos internacionales
Chat en tiempo real
Revista Líder 6.25
FAMILIAS SANAS + IGLESIAS FUERTES
PASTORES
NIÑOS
JOV
ADOS
TUS HERRAMIENTAS PREMIUM DE JULIO 2020
INSTITUTO e6 25
Educación online
www.institutoe625.com
Eventos de **actualización** ministerial
Seminarios para iglesias locales
Libros Online